hibi hibi

モノを手放して暮らしを整えたら、こころも身体も楽になった

asako

大和書房

はじめに

わたしが、ここ数年でよかったなあと思えることナンバーワンは、間違いなくYouTubeを始めたことです。暮らしのちょっとした喜びや、家事や畑のことなどを、動画を見てくれる多くの方と共有できるってことの素晴らしさを知ったんですから。「hibihibi」というタイトルをつけて、初投稿したのが4年前の春でした。

では、その前は、わたしはどうやって暮らしていたのか？　今みたいに、家事ルーティンをしつつ家でデザイン仕事をしていた、わけではありません。家事は二の次、それよりも仕事を優先させるような暮らしをしていました。家で仕事をしているのは同じだったのに、家事については後回し、というのが日常だったんです。トイレ掃除をする日もあれば、しない日もある。だって忙しいから〜、というのが理由でしたが、そうやって、何かを放置し続ける暮らしをしていると、だんだんとこころが疲れ、生きづらくなっていき、やがて自分と向き合うことになったんです……。

そこで気づく。自分の抱えているものはこんなにも多かったのか、ということに。持ちものに始まり、こうでなければ、という思い込み（たとえば、わたしの職業のデザイナーならバリバリ働かなければならない、など)、自分がしなくてもいいことですら、よくわからなくて、人の事情に巻き込まれて自分がその仕事を請け負う、なんてことも。ああ、これじゃあ、自分の人生を生きていないよね、と、気づくことになり、今まで握りしめていた常識や、社会的な地位だとかを、いったん手放してみようって思ったんです。

そこからスタートした今の暮らし、そしてその後のYouTube「hibi hibi」なのでした。

そうして暮らしを整え、モノや思い込みを少しずつ手放していくごとに、人生が自分のものになっていくような気がし、わたしのこころは次第に解放されていきました。その心地よさといったら。変な力が抜けて、こころも身体も驚くほど元気になっていったんですから。自分の人生を生きるって、こんなにもこころが快適なのか、と思いました。

そんなわたしの、紆余曲折な道のりや体験ですが、誰かのヒントになれば、という想いでこの本を書かせてもらいました。

自分の生きかたに愛着を持てるように、一歩ずつ一歩ずつ、歩幅は小さくても、そんな人生の道を歩いていきたいなって思います。

DSG

もくじ

1章　住まう暮らしの解放

心地よく生きるために、心地よく暮らす。

自分を紐解《ひもと》く
きっかけ

6年ほど前のこと、わたしは今住んでいるマンションから引っ越しをしたくてたまりませんでした。山奥に住んで、畑や釣りをしながら自然の中で暮らすことに憧れていたからです。夫も賛成で、2人でドライブがてら山奥の良さそうな集落を見たり、空き家《あや》バンクのサイトを眺めたりと、1~2年ほどは探していたかなあ。いざ、ここに住もうと決めた場所は馴染《なじ》みのある土地で、山に囲まれ、近くには美しい川、畑だってもちろん出来ます。30分ほど車を走らせれば町へも行けるし、こんないい場所ないわ~とこころは決まっていました。ところが。その夢はあと一歩というところで立ち消えてしまったんです。どうにもこうにも土地が手に入らないんですよ。使われていない土地だし大丈夫でしょ、と思っていたのが甘かった。土地の持ち主さんは、遠く離れたところに住んでいるけれど、自分の育った大切な土地を手放したくなかったみたいです。それなら同じ集落内の違う土地でも仕方ないか、と相談してみるも、結果はダメ。隣の土地も、またダメ。ダメの嵐。山奥暮らしまで、あと一歩だったのですが、とうとうあきらめることになり、失望感をたっぷり味わいました。

しかし、あきらめてみると「わたしは本当に引っ越しをしたかったの?」と、自分の本心と向き合うことに。薄々気づいていたけど、わたしは「今」に満足していなかったのです。引っ越し願望の本当の理由は、どこかに幸せを探していたのだと思います。もし、本当にタイミングがよければ、すんなり引っ越しだって決まるはず。きっと本心で満足していないから、満足できない結果が訪れるのかも？　と。

それならば、まずは今住んでいる場所で満足しようと、こころを入れ替えることにしました。部屋の空気を入れ替えるみたいに。それに、あんなにしがみついていた山奥暮らしも、手放してみると意外にもこころが軽くなったのには自分でも驚きです。あきらめが肝心。違う方法の中にあたらしい発見が隠されているということなのか。自分を紐解くこと（自分の本心を見てみること）で自分が解放されたのでした。手放す気持ちよさって最高！

その後、家の中を整えることに熱を上げ、家事をシステム化することに夢中になると、無意識に握りしめていた「幸せにならないとわたしは不幸せ」と思っていた気持ちからも解放されました。今あるものを大切にすることを、叶《かな》わなかった出来事が教えてくれたのです。

幸せにならないと
わたしは不幸せ

2023.7.1 sat
23時に就寝じゅんびする
・畑の世話をする
・寝る前に腹筋をする
・寝室を心地よく整える。湿気とり
・感謝して食べものをいただく
・スカートをつくる
・温泉へ行く ♨
・車を大切にする。そうじする
・ゴミをためない
・体力のために少しでも歩く
FOR GENERAL WRITI

月はじめ お一日《ついたち》ノート

リセットの儀式

あたらしい月がはじまるごとに、ノートに暮らしの願望や予定を自由に書きます。部屋の空気を入れ替えるみたいにこころがリセットされる大切な儀式です。神社のお一日参りのような気分でします。

毎日に小さな快適を仕込む

あ〜快適！

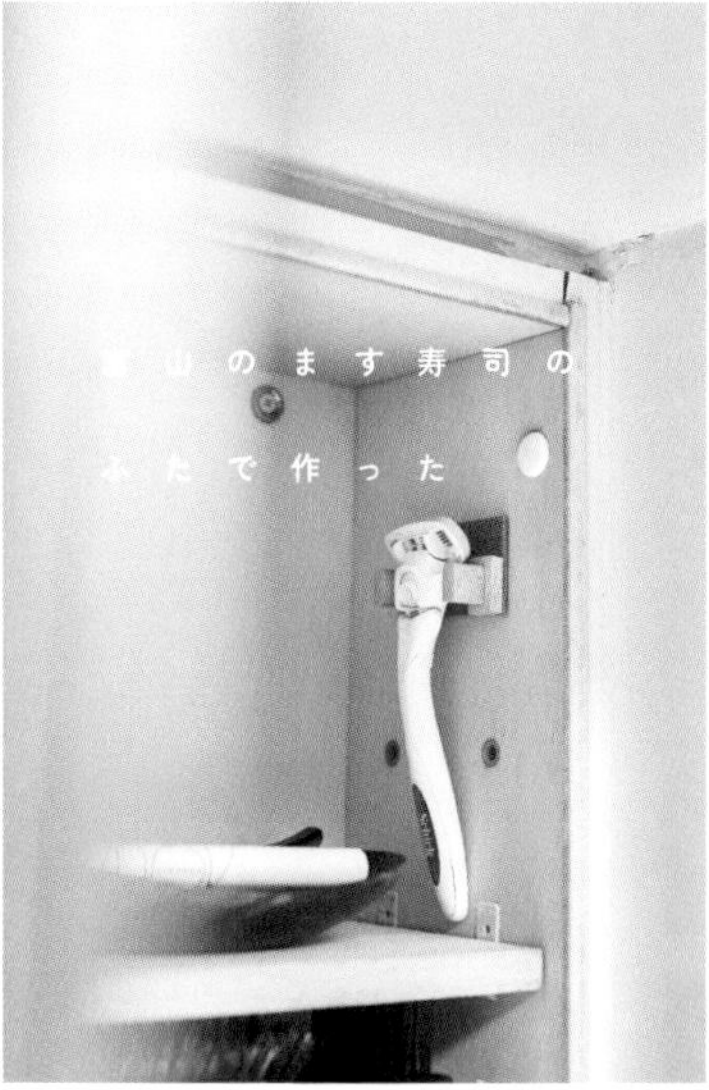
山のます寿司の
ふたで作った

よろこびの首曲げ

まとまってる

2	1
4	3

❶カミソリラックを木材で手作り。木なのがポイントです。ヒョイッと手に取れると気分上々。❷大皿は台所の棚に立てて収納。重ねていないのでラクラク取り出せます。❸ドライヤーのコードに専用の場所を作りました。地味ですが、このまとまってる感がとても重要。❹お掃除用の古歯ブラシは首を曲げておくと便利。ライターで数秒、曲げたい部分をあぶるだけ。この角度が大切。

わたしを動かす源《みなもと》は

山奥暮らしが頓挫《とんざ》した直後は、「うまくいかないこともあるな」と傷心でした。そうすると、外へ外へとばかり向かってい た気持ちが、自然と内へと向かいます。振り子が振りきれたみたいに、逆へ向かっていったのです。幸せに暮らすには？　環境も大切だろうけれど、最も重要なのは自分のこころ次第だということに少しずつ気づく。理想の環境ではないけれど、まずは自分のこころを満たすことに気持ちを持っていきました。それは今まで無法地帯だったこころの中を整理するような、見てこなかった引き出しの中をじっくりと眺める機会でした。ああ、こころの中と家の様子はつながっているなと腑《ふ》に落ちたのです。ぐちゃぐちゃの引き出しの中身、しかも何が入っているのかも忘れていたというオチなんですから。それはまさしくわたしのこころの中身だったのです。

まず取りかかったのが、引き出しの中を美しくする、次に家事の仕組みを作る、最後に必要のなくなったものは捨てる、です。インテリアを自分好みにすることと同じくらい、もしかするとそれ以上に、楽しんでいる自分がいたのでした。こんなところに情熱を燃やせることが転がっていたなんて。「わざわいを転じて福となす」というけれど、いや、そんなわざわいでもないけれど、本当に良かったことです。引き出しの中は、今でも試行錯誤しつづけています。入れる中身が変わる、必要でなくなったものが出ていくなど、暮らしていると変化は必ず訪れるし、月日が経つとぐちゃぐちゃになるときもあります。まるでこころの中と一緒で、乱れるのは仕方のないこと、しかし美しいときは心地いいよねという、わたしなりの解釈です。

もちろん、ずっと美しいのが理想ですが、それは無理なので、乱れること前提で生きていこうと思っています。そのほうがずいぶんと生きるのが楽なのです。引き出しの中とこころの中はツーカー。ちょっと違うか。なので、引き出しの中が窮屈になってきたら、せっせと片付けています。こころの中も同じくらい片付きます。これは本当です。

わざわいを
転じて福となす

わたしの引き出しの中身

2 | 1
4 | 3

❶台所のいちばん上の引き出しによく使う道具を厳選しました。パズルのように並べて。❷台所のいちばん下の引き出しにふきん類をまとめて収納。サイズに合わせて仕切りを作ったのがポイントです。❸仕事場の引き出しは無印良品のスタッキングシェルフにスタッキングチェストを組み込んでいます。❹引き出しには、ごちゃごちゃとしやすい事務用品を入れて。

クローゼットの夢物語

わたしの持ち物の種類ってどれだけあるんだろう。分類していくと、分類しきれないアイテムもわんさか出てきます。たとえば、古新聞、古タオル、大切なCD、S字フック類、電源タップ……え、なにそれって思うようなものばかりですが、わたしの暮らしには必要なんだから、しょうがない。

そこで、クローゼットに引き出しを積み重ねて、できるだけ分類収納したんです。引き出しがあればあるほど散らからない。

クローゼットの
引き出し 25 こ

移住物語
未完のち

幸せになりたくて山奥暮らしを計画していた6年ほど前のこと、暮らしたい家のイメージもバッチリできあがっていたのでした。それは〝小さな平屋の小屋みたいな家〟だったのですが、〝小さな〟と〝平屋〟という、こだわりポイントにはわたしの想いが詰まっていました。まず〝小さな〟ってことでいいことというと、それはもう、掃除が少しですむってこと。何を隠そう、わたしは掃除が大の苦手で、それはひとり暮らしを始めた20代のときに、確信したのです。家はよくある1Kの間取りでしたが、掃除なんていつしていたのか、いやしていなかったのか。キッチンのコンロは油でギトギト、お風呂の排水口は詰まっているし、部屋のすみっこは埃《ほこり》が積もっているのがデフォルトでした。とにかく掃除をする習慣がなかったので、苦手意識は苦手なまま、ずっと持ち続けることに……。広い家なんて、管理できるわけがないわーってことで、小さな家で、ちょっとでも掃除するところを減らしたかったのでした。

もうひとつ〝平屋〟のこだわりはというと。なんといっても階段掃除をしたくなかったんです。小学生の頃から、階段は学校の掃除で苦手な部門ナンバーワンでした。あの繰り返す動作がわたしの性格に合っていないのだと思う。いつまでするのこの動き、と萎《な》えていたなあ。わたしは山奥に住んで、理想の家に住んで、今の暮らしをもっと快適にしたかったってことに間違いありません。なのですが、はて、冷静になって考えてみると、なんだこれ、実は苦手なことをどうにかしたかっただけなのかも、と思えたんです。それならば、と、やっと〝掃除〟というテーマに向き合うことになり、自分の本心にようやくたどり着いたのでした。移住したかったけれど、土地が思うように手に入らず、疲れはて、お先真っ暗だ〜、なんて思っていたのですが、「わたしにはこんないい家があるじゃないか、今住んでいる場所を快適にすればいいじゃないか」と気づいたんです。よし、今ある環境で工夫してみようって、こころにポッと小さな明かりが灯ったのでした。

わたしがまず始めたことといえば、とても小さなことです。たとえば、洗濯する前のタオルで近くの埃を軽く拭《ふ》いてあげる、など。それだけでこころの塵《ちり》までも払われたような錯覚になり、こんなにも1日の気分が違うのか〜と。プラス、ほんの少し拭いておくだけで、汚れるスピードがゆるやかだわ、という発見も新鮮でした。

こころにポッと
小さな明かりが灯った

あの手この手でこころの塵を払う

天井

レデッカーの隙間ブラシは、ロングなブラシを生かして天井や壁のお掃除にも活躍中。埃が散ることなく、からめとれるのがグッド。

パソコン

パソコン周りは無印良品のマイクロファイバーミニハンディモップでササッと。モップ部分は取り外して洗えるのもいいところ。

チリつもを
チリつも掃除

本棚

本棚の本は気がつくとすぐに埃が積もっていて、本を開くたびに埃が舞う。慌ててレデッカーのハンドブラシでレスキューです。

❶洗面所のタオルを洗濯機に入れる前に近くの鏡をサッとひとなで。これだけで鏡のキレイが保てます。❷靴箱の上も同じく、ひとなで。❸玄関の鏡も。出発前にくもった鏡だと、晴れやかに出発できませんから！

1
2 | 3

暮らしのスタートライン1

暮らしが快適になっていくごとに感じたのは、こころの中のからまっていた糸が自然とほどけていくような感覚です。それはわたしの暮らしには放置していることが多すぎたからなのですが、その代表が「汚れたまま使い続けているふきん」、続いて「洗っていない寝具」でしょうか。よくもまあ、ここまで放置できたねというくらい、黒ずんだふきんにヨレヨレとした寝具（カラッとしていない）。毎日目にするけれど、その光景が当たり前になって放置されていたのです。ふきんや寝具などをどんな頻度で洗濯すればいいのか、まったく考えたこともなく、汚れてきたかもと慌てて洗濯するのが目を向けていなかった証拠でした。

いざ、暮らしのあれこれを整えようとしたときに、落ち着いて見てみると、「何この汚さ！」という、驚くべき見た目。ずっとこんなのを使っていたのかという恐ろしさです。ひとまず、ふきんを清潔に保とうと、洗濯の頻度や、どのくらいの枚数持つかなどを考えることにしました。ふきんはそれまで、色柄ものも取り入れてなんとなく使っていました。素材はリネンだったり、木綿のものを使ったりしていたのですが、ものによっては煮沸消毒したときに、色落ちしてしまって困った経験があったんです。いろいろ持っていると、これは煮沸ＯＫ、これは気をつけたほうがいい、だとか、ものによって洗濯の仕方にも気を配らなくちゃいけないのが、もうめんどう！　というわけで、汚れの落ち具合もわかりやすい、無地の白いふきんにしようと決めました。実は、ふきんと器を拭くクロスも、ごちゃまぜで使っていたので、そこも棲《す》み分けをハッキリさせました。こうしてわたしのふきんの歴史はようやくスタートラインに立ったのです。

いろいろ検討して、今は、お手頃で手に入りやすい、無印良品の落ちワタ混ふきん12枚組を台ふきんに。このふきん、使い始めは吸水性がイマイチなのですが、何度か漂白洗濯をすると繊維がこなれて、吸水性がアップし、台ふきんに最適なのです。食器クロスも同じく無印良品でインド綿大判ふきん2枚組に落ち着きました。粗《あら》く織られたふきんなので、使いはじめから吸水性はなかなかのものです。ふきんが清潔だと、家事をする気分もずいぶんといいんですよね。

ふきんに始まったと言ってもいい、家事の仕組み作りの原点。ふだん、見ないようにしていたことに気づけたとき、それはもう解決に向かっているのかも、なんて思ったのでした。

汚れたまま
使い続けているふきん

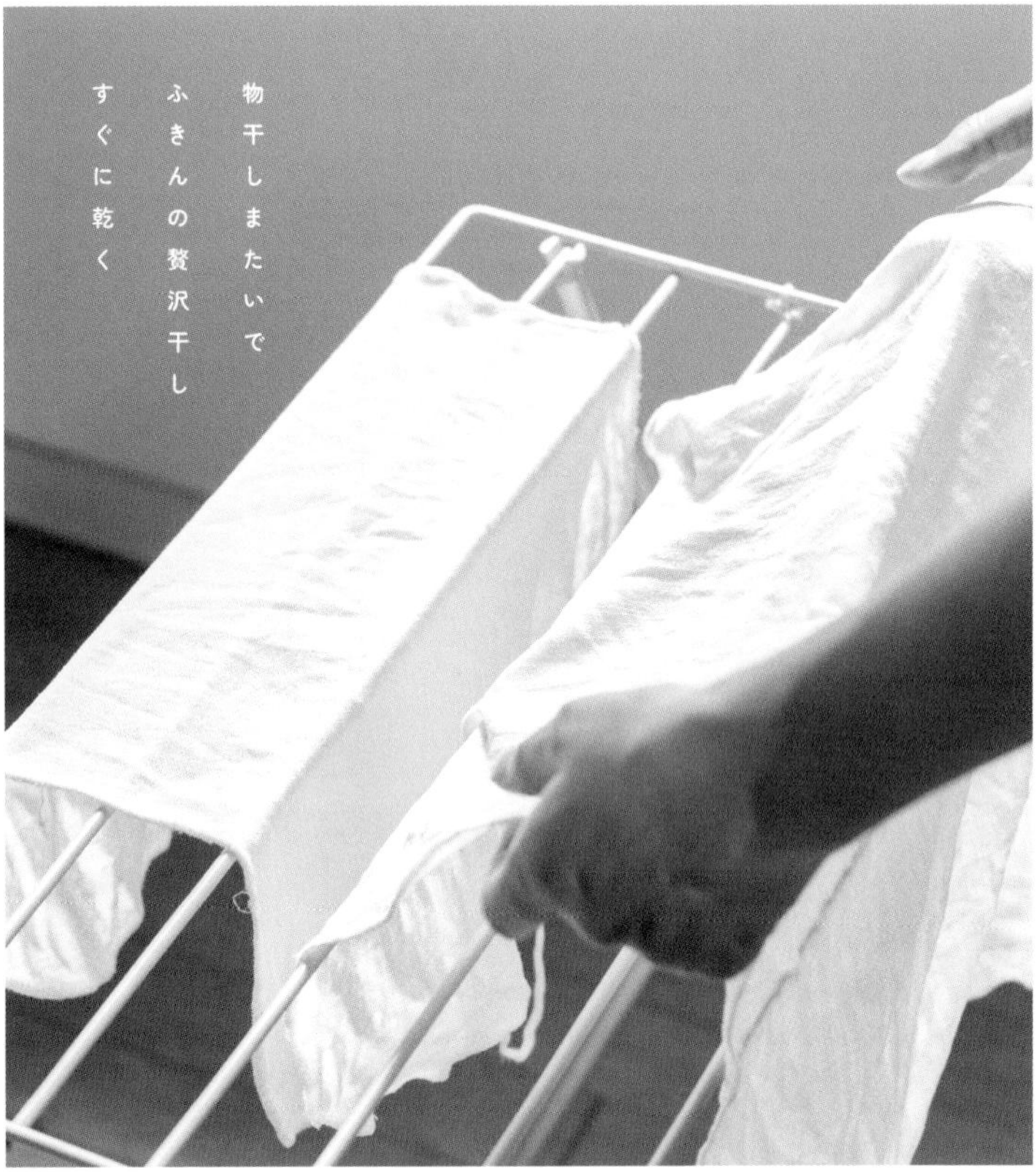
物干しまたいで
ふきんの贅沢干し
すぐに乾く

ホワイトの原則

毎朝、酸素系漂白剤で煮洗いした、台ふきんと食器クロスはふきん専用の小さな物干しに干します。タイミングは朝家事後のデスクワーク中、集中力が切れたときや、出かける用事があれば、出かける前に慌てて、など。２枚の白いふきんはわたしの家事の原点なんです。

夫は少しの汚れも見逃さない。食べこぼしがあるテーブルが耐えられないんだそうです（わたしのせいか）。

テーブルをガシガシと拭く夫

快適を作る10分間

嫌よ嫌よも好きのうち

食器クロスにしている、無印良品のインド綿大判ふきん。新調したら必ずするのが、紐を縫い付けること。冷蔵庫脇に引っ掛けておきたいからなんです。この必須作業、ややめんどうだけど、ちょっと楽しい。ほんの10分ほどで快適が仕込めます。

暮らしのスタートライン2

夢中になれることは吉です。いや大吉です。わたしが人生の中で大切だと思っていることは「情熱を持つこと、すなわち熱くなれること」なのですが、スポ根ものってわけじゃないですよ。情熱は人生を豊かに生きていくために不可欠だと、だんだんと実感するようになったのです。なんせ、わたしの情熱の注ぎどころは、家事の仕組み作りだったのですから。ふきんはどんな頻度で洗おうか？ハウスキーピングの本を読みまくり、検討します。それまでは、たまに重曹でふきんを洗っていたのですが、酸素系漂白剤があることを知り、安全そうだなと使ってみることにしました。暮らし本などで調べてみると、多くの人たちは、毎日ふきんを洗っているということで、私も毎朝実行することに。いやあ、毎日洗うって素晴らしいなと、自分のところまで洗濯されるような気分を味わったのでした。

台所の小鍋に酸素系漂白剤とふきんを入れ、煮洗いしてつけ置き後に洗うのですが、それを洗濯物と一緒に洗濯機で洗うほうがいいのか、簡単に手洗いするほうがいいのか。と、そんなことを毎日繰り返して実験することが楽しくて楽しくて（つまり夢中になっていたということ）。結果、手洗いに軍配が。洗濯機をまわす時間にとらわれず、その日のタイミングで気軽に洗えるので自分の生活に合っていました。さらに、手洗いなので簡単に洗えるほうがいいわと、漂白剤の粉の量はごく少量にと変化していったのです（量が多いとすすぎの回数が多くなるので）。粉の量が少ないと、汚れの落ちは弱いのですが、それよりも毎日の手洗いの負担を軽くすることを重視したわけです。完璧に汚れが落ちなくてもわたしは大丈夫なんだ、ということもわかりました。

自分の快適レベルを知ることができ、いいぞいいぞと、こころのリズムは軽快になっていくし、あんなにも面倒だった家事が、自分仕様にすることで、こんなにもスムーズにこなせるようになるなんて。家事はフリースタイルこそが醍醐味《だいごみ》である、ということを悟ったのでした。

ふきんに始まった家事の仕組み作りですが、いつの間にかその他のことも夢中になって考えていることに気づいたのです。夢中になって情熱を注げることって、自分をこころの深くから満足させてくれるのですよね。

完璧に汚れが落ちなくても
わたしは大丈夫

少ないことの豊かさ

ふきん2枚に対して酸素系漂白剤はこのくらいの量。煮洗いする小鍋は左ページの鍋です。1ℓくらいのお湯にこの量だとかなり少ないんですが、毎日のすすぎ洗いの回数を少なくするために自然とこうなりました。汚れは完璧には落ちませんが、乾いたときのパリッと感はじゅうぶんあります。たまに、濃い色のシミがついた日はドバッと入れています。

これで自分を元気づける

小鍋にぎゅうぎゅうと、無理やり2枚のふきんを押し込む。スプーンで強引にやっちゃいます。鍋に沈むふきんを見ていると、なんだかうれしくなっちゃうんですよね。キレイになる予感がいいんです。自分の気分も上がります。酸素系漂白剤は 30〜50℃で効果があるので、すぐに火を止めて放置できるのもいいところ。

無理だと思う壁

突然ですが、皆さんは旅行が好きですか？　旅はいいですよね。最近思うのが、人生も旅みたいなものだなあということ。旅へ行って、したことのない体験をしてみたい、美しい景色を見たいと思うように、人生もまた、いろいろなことを経験したくて、人は生まれてくるのではと妄想しています。そう考えると、日々のストレスや心配ごとだって、体験のひとつなのかも？　と、ほんの少し俯瞰《ふかん》して感じられるような。そして旅のいいところは、寝る場所がきちんとあること、なんて言ったら変でしょうか。いつもと違う場所で寝る体験がいいんです。どんなお宿をセレクトするかは、その時々で違いますが、必ずあるのが布団と枕。その洗いたての寝具の心地よさに、ここは天国かなと毎度思ってしまいます。と同時に、それが寝具を洗う頻度について考えるきっかけにもなったのでした。旅から帰ると、自分の布団が心地いいと思えない……。そりゃそうだ。家の洗っていない寝具は、宿泊先の寝具とは天と地の差のごとく、いや、月とスッポンのようだ、などと無駄につぶやきたくなるほど。

暮らしを整えていこうと思ったとき、寝室のイメージはお宿の寝室、これ一択《いったく》でした。理想は毎日洗いたての寝具がいいのですが、ハードルが高いので、週一で洗うことに。

もうヨレヨレの寝具とはおさらばよ！　と、わたしとしては一大決心です。

ところが、わが家のマンションのベランダは異常に狭く、寝具を干すにはスペースがないのが大きな壁でしたが、

「ベランダで乾かせないなら、洗濯機の乾燥機能を使えばいいじゃない」

と、こころの声が降りてきたのでした。いや、待てよと、さらなるハードルが。あんな面倒なカバーのつけ外し、ひとりでできるのだろうか。

「お宿の人は毎日つけ外ししているんじゃない」

と、またしてもこころの声が聞こえたのでした。そうか、ネットで〝宿での寝具つけ外し〟を検索してみよう。


ただのひとり問答ですが、ひとつずつ、無理だと思っていたことを手放していく作業は、いつの間にか楽しくなっていきました。ここで大切なことに気づく、壁を作っているのは自分自身だったということ。それならば、壁を取っぱらうのも自分にしかできないってことです。ぜ～んぶ自分次第だったのでした。

ぜ～んぶ自分次第だった

洗濯コーナーの片隅に

洗濯コーナーの手元を照らす明かり。これがあるのとないのとじゃ大違い。照明ひとつで家事の気分が変わります。何事も雰囲気よくいきたいんです。家事に明かりを灯しましょう。

洗濯仕事のかなめ。洗濯ネットやゴミとりフィルターは吊るして収納しています。あとは、隙間ブラシやモップの替えなど。吊るすクリップは無印良品のステンレスひっかけるワイヤークリップ。このクリップ、落ちやすいので落下防止にカードリングでロックしています。

日曜日は寝具を洗う日

お宿の寝具を目指して

日曜日のルーティン。衣類洗濯の後に、寝具を洗います。シーツと布団カバーを取り外すのも、慣れてしまえば、ちょっとした運動のようなもの。あとは心地いい眠りが待っている。

それからの寝室

人生ではじめて寝具と向き合ったとき、眠りの質についても考えるきっかけになりました。眠いから寝る、だけではなく、眠りの質を高めることで、こころと身体の充電具合が違うことに気づいたのです。寝室って、思っていた以上に重要な部屋だったのか。さて、自分の寝室を眺めてみると……使っていないもので溢《あふ》れかえっていました。リビングや仕事部屋に収まりきらない、細々としたものの数々。代表的なものとして、昔の携帯電話、その充電器、何かのコード、使っていない絨毯《じゅうたん》が壁に立てかけてある、その絨毯は、飼っている猫の恰好のアスレチックになっているというありさまです(木登りのように)。極めつけは、寝具から放たれる陰湿なオーラ。そんなふうには思っていなかったのですが、そう思うとそうとしか思えなくなってくるから不思議です。もう耐えられなくなり、一気にグワーッと40ℓのゴミ袋にいらないモノをかき集めました。

今でもそうなのですが、わたしがモノの量を見直すときは、なんだか日々が停滞しているなあと感じるタイミング。これはまだ使うかも、などと思えるときはまだこころに余裕があるときです。そうなると手放すことに時間がかかるのですが、こころに余裕がないと、どうでもよくなるのか一気に手放すことができるのです。まずは、寝室にある2台の本棚の本を8割ほどに減量させました。絨毯は知人がもらってくれるということで、一件落着。山のリュックなどをかけていたコートハンガーはリサイクルショップへ持ち込み、寝室に置いている家具を極力減らしました。こうして7畳ほどの寝室は、ダブルベッド、チェスト（小さなタンス）、本棚2台のみのシンプルな空間に生まれ変わったのです。祝・寝室リニューアル。もちろん寝具も買い換えて心機一転。

寝具から放たれる陰湿なオーラ

ところが、さらなる壁があらわれました。「布団を干す場所がない！」そりゃそうだよシーツですら干せないんだから。それまでは、たま〜に布団乾燥機を使っていたのですが、太陽のもとで干せないとなると、布団乾燥機でたま〜にでは湿気を取れない気がして。毎日、布団乾燥機をかける設定にしたら逆に楽かも、と思いついたのです。布団乾燥機はベッドの足元の死角に出しっぱなしにして、スイッチを入れるだけ。他にも寝室には小さなカラクリを仕込んでいます。ギブミー、質のいい眠り！

人生を楽しむために心地よく眠る寝室

本棚に湯たんぽ置き場を。冬のために夏はここ、空白を守っています。毎日布団乾燥機をかけるので、こうなったのですが、湯たんぽも満足げ。入浴前にヨイショっと抱きかかえて準備するのも、いい時間となりました。

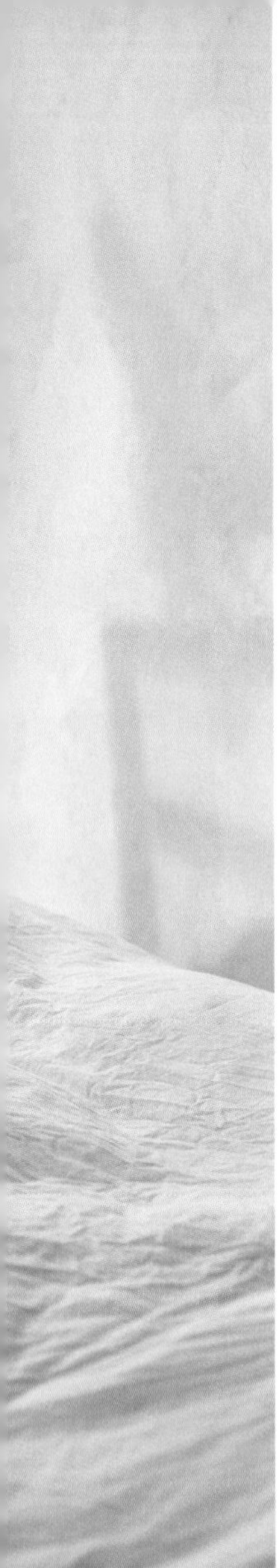

取りやすい高さ

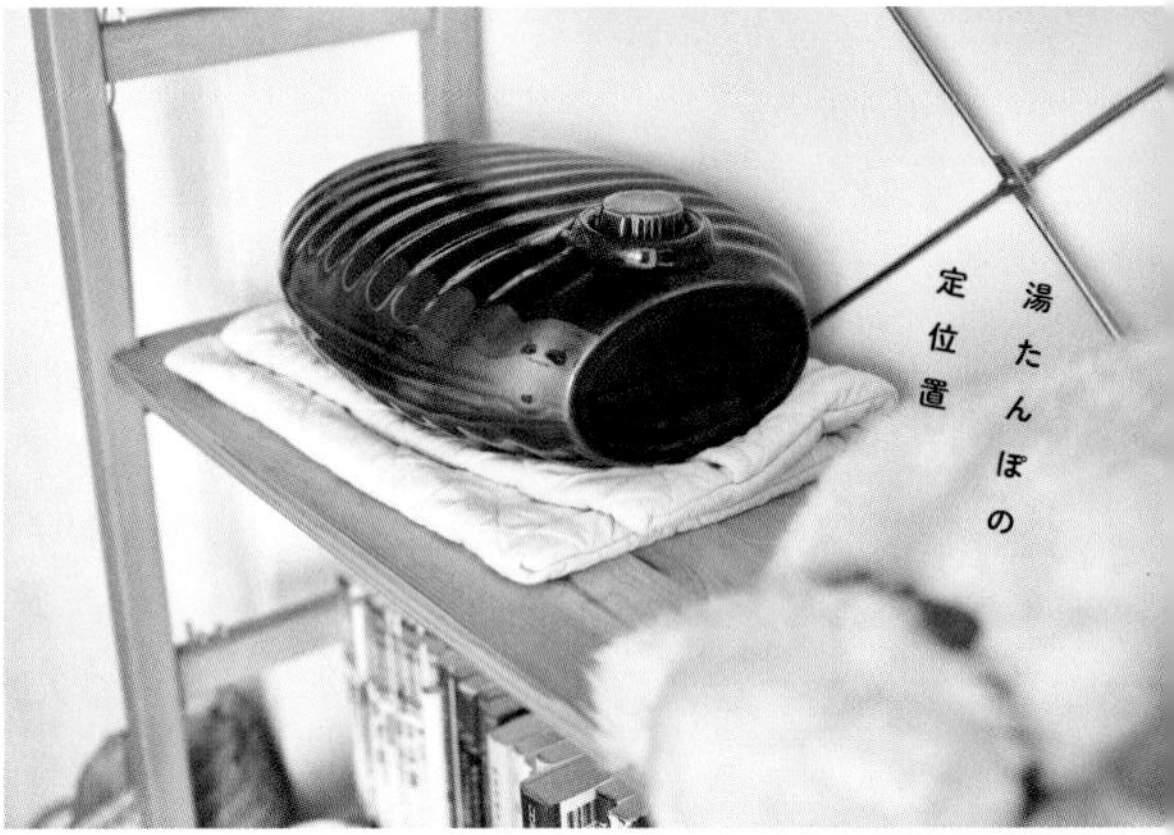

湯たんぽの定位置

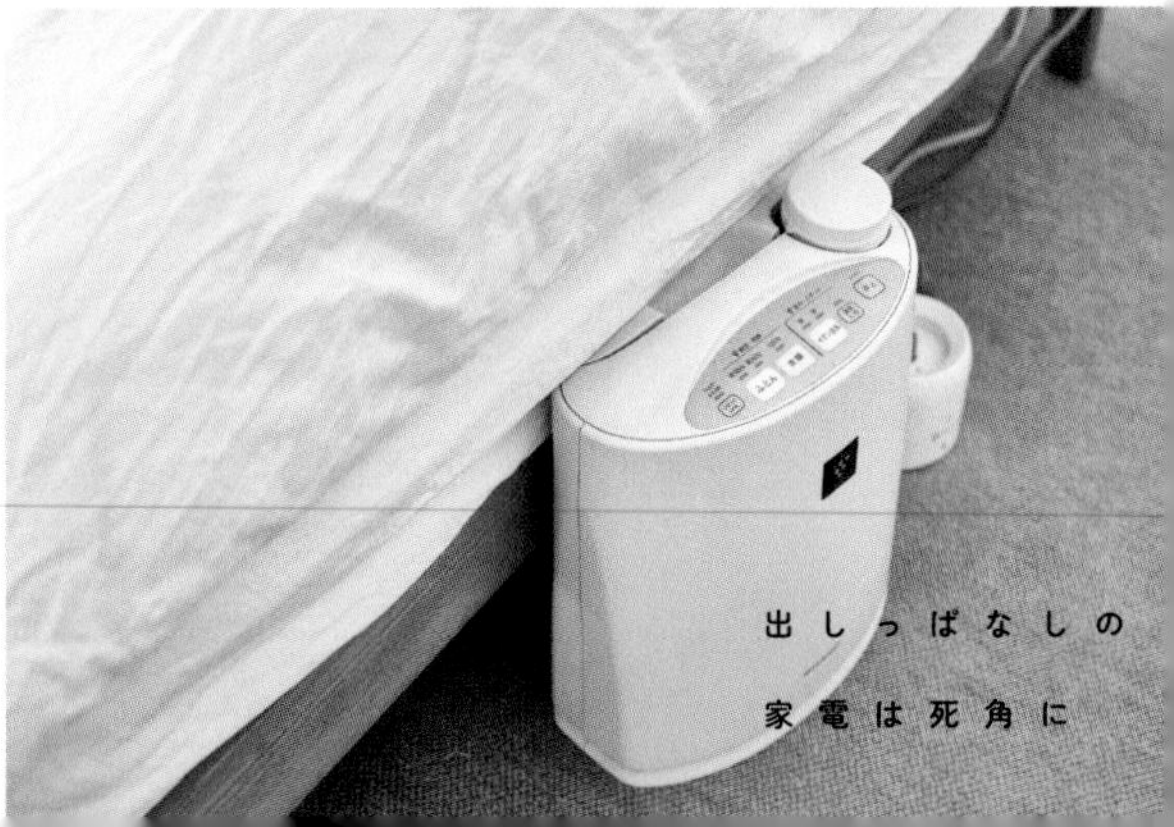

出しっぱなしの家電は死角に

夜、眠るときはすべてを忘れて眠りたいんです。そのために、シーツと布団カバー、寝室の絨毯は起きてすぐにコロコロがけ、その後、布団乾燥機をスイッチオンします。ほんの3分くらいのことなのに、空気がガラリと変わって清浄になります。

踊るトイレ音頭《おんど》

今では毎朝トイレ掃除をするのが習慣ですが、以前はどんな頻度で掃除をしていたっけ。記憶をたどっても思い出せないので、それほどしていなかったのだと思います。わたしは水気がある場所の掃除が特に苦手で。トイレ掃除の何が嫌かって、便器にはねた汚れ、湿気を感じる空気、かがんだときのトイレの床への接近などなど。自分で汚しておいてアレですが、本当に苦手でした。けれども常に汚れる場所だということがわかりはじめ、苦手なだけに悩む。家の核心部分が汚れていると滞《とどこお》ってしまうから、どうにかこうにか掃除したい。

そこで知恵をしぼって思いついたのが、掃除と思わないようにすればいいのではなかろうか、ということ。掃除と思うから嫌なんだよ、もっとこう、身体が勝手に動いてしまうことってなんだっけと考えたのでした。そうだ、トイレ掃除ではなくトイレ音頭にしたらどうだろう。トイレ音頭って？　と思いますよね。その名のとおり、盆踊りのように踊りを身体に覚え込ませることにしたんです。有名な炭坑節ってあるじゃないですか。月が出た出た〜♪の。数年前の夏、なぜか家の中で、炭坑節の振り付けを踊ることにハマっていたのでした。短い振り付けを永遠と繰り返すんですが、なぜか楽しくて踊ってしまう。これを思い出して、毎日繰り返すトイレ掃除に生かせる気がする、そうひらめいたのです。トイレ音頭は踊りなので、トイレ掃除ではありません。毎日、盆踊りのように踊るだけ、そう自分に思い込ませました。振り付けなので、ステップも決まっています。お掃除スプレーをどの位置で何回プッシュするのか、スプレーを戻すタイミングなど、詳細に決めて踊っています。もちろんハイライトも作りました。それは便器の中をブラシで掃除して、水を流した後、便器内に水がたまるシーン。まるでキラキラとした湖面のように見えるのです（わたしには）。その水を美しい湖だとイメージして微笑みます。

これを繰り返していると、掃除している気がしなくなりました。身体が覚えていて、勝手に踊ってしまうので、掃除というかなんなのか。そうするうちに、トイレ掃除への苦手意識もなくなり、汚れへの恐怖もほとんど消えました。トイレっていい場所です。恐怖も苦手意識の思い込みも、ぜーんぶ水洗トイレに流しちゃいましょう。

水洗トイレに
流しちゃいましょう

いざ・トイレ音頭の踊りかた

汚れている、汚れていないは考えず、ひたすら毎日同じ動作を繰り返す。これはトイレ掃除じゃない、そう思い込むことが大事なんです。思い込みって、そんないいイメージはないけれど、そこを利用しちゃおうって案です。ステップ踏んで、気分上げていきましょう。

苦手の受け入れかた

♪ 月が出た出た　月が出た

ヨイサ
ヨイサ

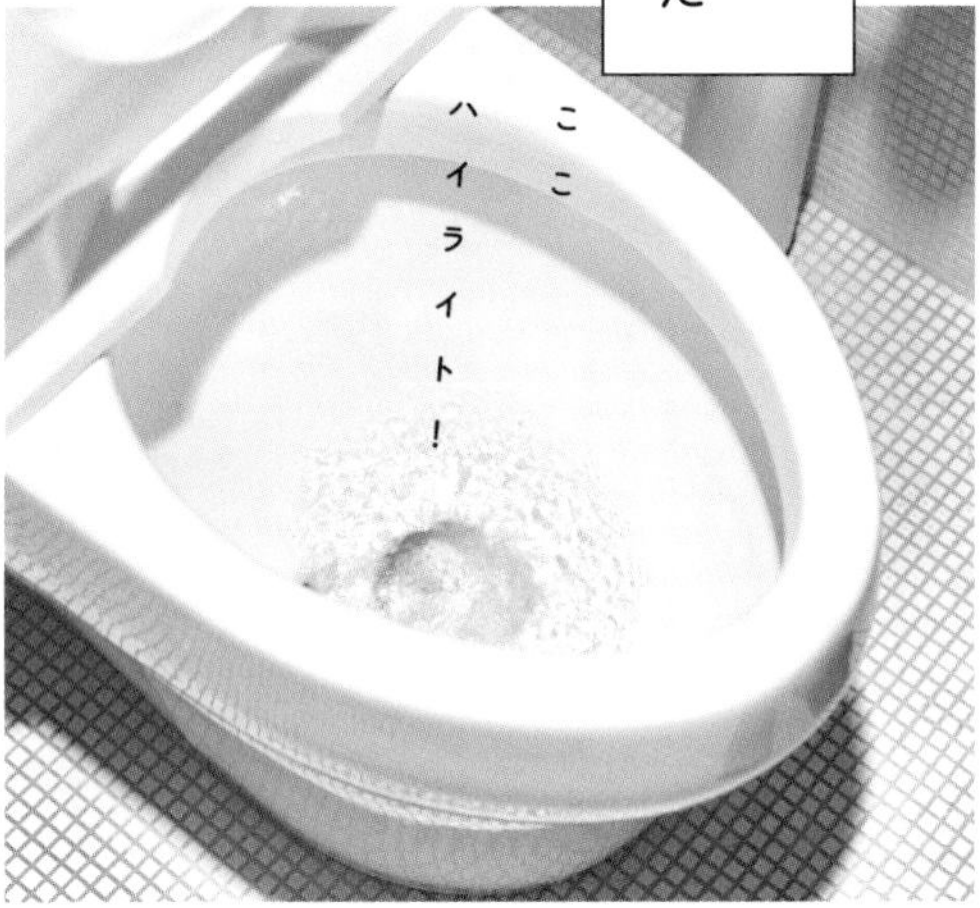
ここ
ハイライト！

♫ あまり煙突が　高いので

床はほうきで
ザッザッザ

紙製の
ゴミ袋に

さぞやお月さん　けむたかろ

右手にほうき
左手にちりとり

わたしの床掃除になくてはならないアイテムは、ほうきとちりとりです。ほうきとちりとりの何がいいかって、①気軽に掃除にとりかかれる。②ゴミの始末がゴミ箱へ入れるだけ。この2点がポイントじゃなかろうかと思っています。ほうきとちりとり愛好者ならば、おそらく共感してくれるはず。お気に入りのほうきとちりとり、ほうきは竹製で、片手で持てるくらいの小さいサイズ。家中の掃き掃除をするというよりも、玄関掃除などでサササッと使うようなタイプです。ちりとりは〝はりみ〟というちりとりで、紙を柿渋《かきしぶ》で頑丈に仕立ててあるんですが、紙製なのでとても軽いんです。

このほうきとちりとりセットに行き着いたのは「掃除という動きを自分の身体に染み込ませたい！」という理由から。今まで掃除というと一大事なもので、決心してはやっと掃除する、の繰り返しでした。「あ〜、リビングのすみっこに埃が降り積もってきているな。掃除機を出すか、それとも雑巾を持ってくるか、どちらがいいのだろう……（思考停止中）めんどうだなあ、見なかったふりをして忘れようかなあ」なんてザラでした。〝掃除〟というアクションに慣れていなさすぎて、身体がなかなか動かせなかったのです。それをもっと普通のことのように、たとえば、冷蔵庫を開けるくらいの当たり前のことにしたかったんです。冷蔵庫を開けないと食べ物が取り出せないので、毎日気軽に開け閉めするはず。ならば同じことで、自分が心地よく暮らすためには、床の埃くらい気軽にサッサカ払えるようにしたい。

それには小さなほうきと軽いちりとりがしっくりきた、というわけです。自分の日常の中に当たり前にあることにするには、とにかく大ごとにならないように、なんでもないようなこととして身体に覚えこませる。掃除は大変、めんどくさいという思い込みを手放したかったのです。パッと使える場所に引っかけておけて、両手にそれぞれ持っても重くないほうきとちりとりはきわめて重要なポイント。さらに、掃除機のようにゴミの後始末がないのがこころに優しい（あ、しかし掃除機は掃除機で好きなのですよ）。ほうきとちりとりをセットで持った瞬間に、もうゴールが見えているのもいいところです。題して「日常にお掃除・なじませ作戦」は、わたしの生活にピタリとはまったのでした。掃除はやる気を出してするものじゃない、日常にある普通のことなんだわ〜と思えるのが大事なんです。

思い込みを
手放したかった

ほうきとちりとりの収納法

ほうきとちりとりを使い始めた頃、どこに収納しようかなと、本棚の脇にかけてみたり、仕事部屋に置いてみたり。やがてしっくりきたのが、この壁でした。掃除ルートの始まりにあって、使いやすいんです。暮らしに馴染むと家事がしやすい。

ほうきを引っかけるのは、この石膏ボード用のフック。ピン部分がみつまたになっているので、しっかり壁に刺さります。以前は押しピンに引っかけていたのですが、穴がどんどん広がって……。近くにまた押しピンを刺して、と、穴だらけになっていたのでした。今はこのフックのおかげで小さなストレスから解放されました。

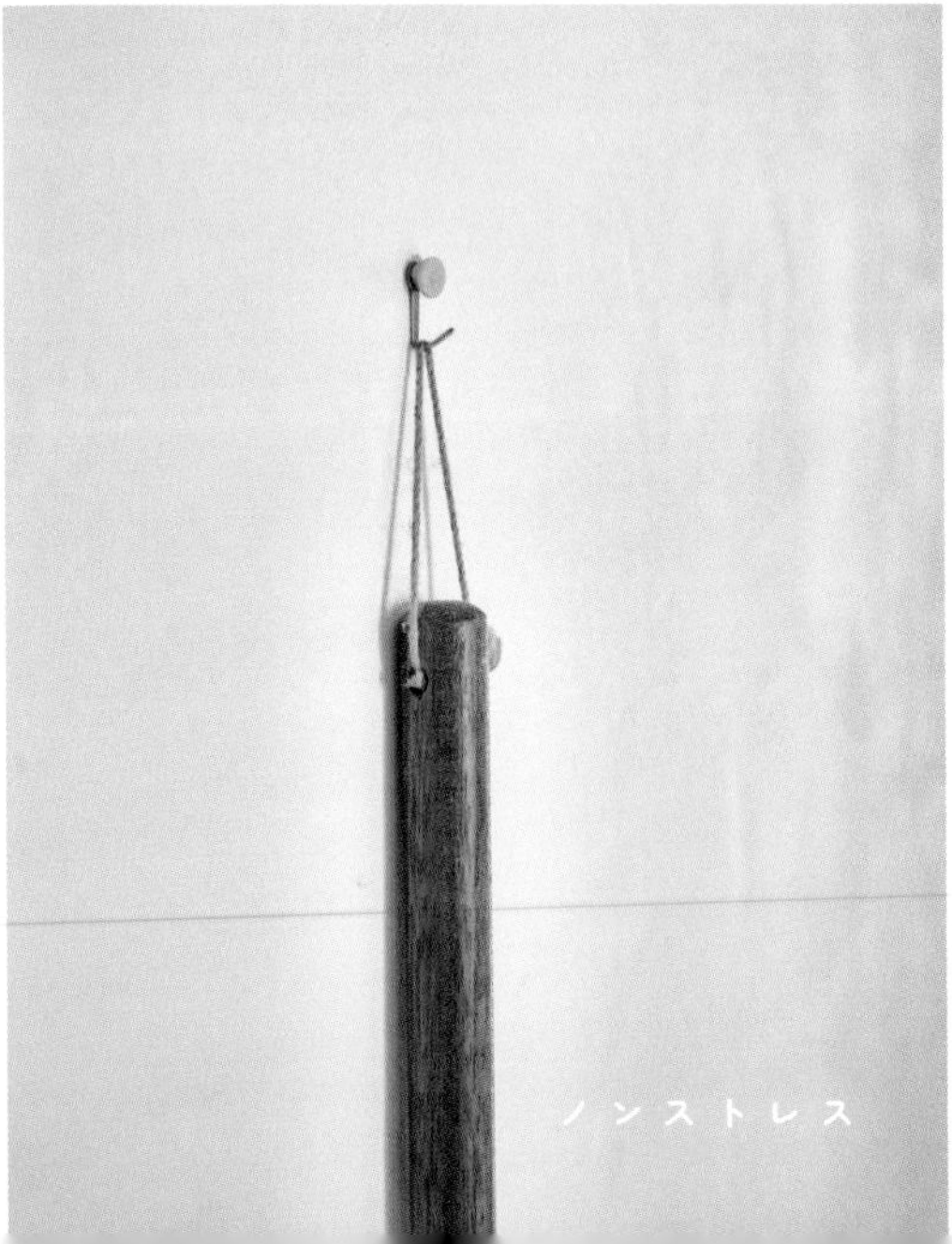

こころに優しい掃除道具

掃除道具って、軽さが大切なのかも、と思うようになりました。わが家は猫が2匹いるので、毛ぼこりも相当なもの。なので、サッと手にとれる軽やかさのあるほうきとちりとりはよけいに毎日に優しいんです。

家事ルーティンの夜明け前

暮らしを整えようと思ったとき、自分の1日について、あらためて考えてみました。朝の家事、日中の仕事、夜の家事。それまでは、朝起きて、洗濯物があるから洗濯機をまわす、朝ごはんを食べる、慌てて仕事を始める。と、なんとなく1日をスタートさせていたのです。そのまま、夜になり、疲れ果てて、夜ご飯を食べ、洗濯物を畳んで、お風呂に入り、おやすみなさい、で1日が終了。家事はおろか、こころを休ませることや、自分の身体に向き合う時間など考えたこともなく、ただ過ぎていくばかりの毎日でした。

それはそれでわたしなりに一生懸命生きていたんですが、こころの隅には常に気がかりが溜まっていました。トイレ掃除はいつするのだろう、台所の換気扇は汚れたまま、お風呂の排水口は詰まっている、などなど。それも溜まりに溜まると、身体はしんどくなり、頭もボーッとするし、こころは余裕なし。いかん、このままでは人生が腐ってしまう。幸せになりたいだけなのに何か違う、おかしいぞ。じゃあ、わたしが人生に求めるものは？　とシンプルに考えてみると……、「もっと心豊かに幸せに暮らしたい、風通しよくスッキリとした気分で生きたい」ただそれだけのことだったのです。それには、身近な気がかりから少しずつでも減らしていくしかないなって思いました。

まず家の中の放置している汚れや、無法地帯だった毎日の家事の分量を決めていきました。わかったのは、朝は目覚めていくのと同時に身体も活動的になるので、わりとスイスイと家事がこなせるということでした。ところが、夜になると疲れているので、掃除なんてまったく無理。身体はもう寝よう、休もうと訴えているんです。お風呂のついでに、歯磨きのついでに、ちょこっと掃除が限界だということがわかりました。朝と夜、どの時間帯が自分の生活や身体に負担なく家事ができるか、暮らしに馴染ませられるか、がキモというわけです。な〜んだ、自分の身体と要相談が必須だったのね、それを無視してやろうとしていたから、今までヤル気が起きず、放置していたのだわ。

こうして時間帯での家事の比率を整頓していくことに。そうすると今までが嘘のように、家事がスイスイとこなせるようになったのです。

自分の身体と
要相談

morning

朝家事ルーティン

目覚めの1杯
水をゴクゴク

本日の
タオルに

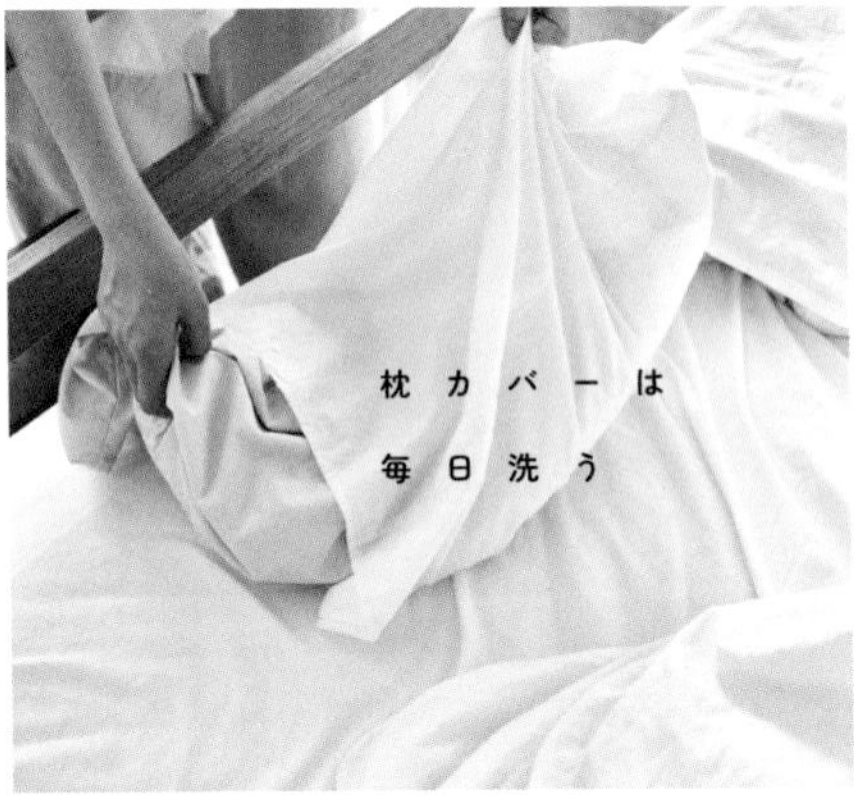
枕カバーは
毎日洗う

❶朝起きて、まずは台所へ。１杯の水で良い目覚め。寒くなると白湯《さゆ》になります。❷新しいタオルに交換する。洗面所、台所、トイレの3カ所。前日のタオルを回収しつつ、そのタオルで近くの埃を払います。❸枕カバーも毎日外して洗濯機へ。洗いたては自分の中でちょっとしたご褒美なので、１日の最後、心地よく眠るために洗います。

1
2 | 3

night

夜家事ルーティン

これで最後だと
自分をふるいたたせる

クエン酸
スプレー

意外と
汚れてる...

❶夜の大仕事といえば、洗濯物たたみ。夕食の後、食器もすべて片付けてからスタート。好きな音楽を流しながら気力で乗りきります。❷夜は少ししか家事をしません。お風呂の後に、クエン酸スプレーでシュシュッと軽く掃除するだけ。❸最後の最後、髪をドライヤーで乾かした後に、洗面ボウルをブラシで磨いて、家事じまいです。

1
2 3

モノの片付け
こころのリゾート

今のマンションに越してきて数年が経った頃、気がつくとモノが増えていました。押し入れも食器棚もギュウギュウで、奥には何があるんだったっけ？　というありさま。洋服も増える一方で、収納キャパを超え、部屋の隅っこにカゴを置いて収納スペースを増設、その中に積み上げていました。気分がいいときはそんな状態でもまあまあなんとかなるんですが、こころが疲れているときが大変で。てきめんにしんどさが襲ってくるんです。こころを休ませるってどういうことかなと、増えたモノを背後に感じながら考え始めていました。SNSを見ることをやめたり、自然の中に癒しを求めて出かけてみたり。こうすればこころが休まるかな？　ってことを片っ端からやったんですが、やっぱりいつもこころはザワザワしているし、休まることはなかったんです。何をしてもダメだし、あとは何をしたらいいんだろう。なかば投げやりな気分でいたとき、家の中を見ると、溜まりに溜まった押し入れの使っていないモノと目があいました。ハッとして、これだ！　って。もうこれしか残された道はないぞ、ぜんぶ手放してやるーってなりました。使ってないモノを手放せたら、こころのザワザワも手放せるかもしれないよね、そう考えたわけです。まず洋服。古びている、もう好みじゃない、と選別してみると、収納の奥のほうからそんなような服が大量に出てきて、急に背筋が寒くなりました。押し入れには、お客さん用にと買った布団類が2セット。冷静に考えると1年に1回もあるかないかのために、狭い押し入れにあるのは変だわと手放すことに。素敵だなと思って買った器も、好みが変わると使わなくなります。ところが、そのときの自分を捨てるような、否定するような気がして、手放すのが難しいのです。うんうん頭を使います。これは本当に手放していいの？　持っておくべき？　時間がかかるし、結構疲れます。もちろん1日でできる量ではないので、その間、部屋は乱れまくっています。これは精神的にキツかったです。しかし挫折しそうになりながらも挫折しなかったのは、「ガラクタを持っていると、疲労感をおぼえ、無気力になる」という話を読んで衝撃を受けたから（『新ガラクタ捨てれば自分が見える』カレン・キングストン著／田村明子訳／小学館文庫）。これが大きかった。読むとモノを捨てたくなると聞いて読んだのですが、わたしには効果絶大でした。あらゆる使ってないモノを手放し、さてどうなったかというと……。まるでこころのリゾートを手に入れたような気分に。自分自身に安らぎを感じられるようになったのです。まさか自分の中に安らぎがあったなんて！

こうなったら、ほんの少しでも収納スペースが欲しい。ということで、玄関にも小さな収納庫を。ホームセンターで板をカットしてもらい、コの字型に組み立てたものですが、ここに収まるだけ、という境界線でもあります。日当たりがないので、野菜の保管にピッタリです。

野田琺瑯のストッカーに
手作り味噌

竹ザルに
根菜類の保存

木箱に
くるみストック

手放すときは白い紙に包む

感謝で包む

どうしても手放しにくいものってありませんか。わたしは、クタクタになるまで使ったような、愛着のあるものが手放しにくいんです。たとえば、こんな革製品。お財布なんかもそうです。これをゴミ箱に入れるっていうの……？と。そんなときは、白い紙で包んで手放すことにしています。今までありがとうって想いを包みます。

快適が宿る家

自分が心地よく生きるには、どうしたらいいのだろう。そうは思っているけれど、生きているといろんな心穏やかではいられない場面にも出会ってしまいますよね。仕事、お金、人間関係、欲。もっと違う仕事がしたい、お金が欲しい、あの人と会うのは苦手だな、あの家電が欲しいけど高価ですぐには買えない、などなど。ああ、渦巻く。やがてそれが溜まってくると、モヤモヤを持ち続けることになってしまいます。ところが、わたしはモノを大量に手放した頃から、何かが切り替わったのか、モヤモヤを持ち続けることができなくなりました。モヤモヤしないわけではありません。モヤモヤしても、それをこころに長くはとどめておけなくなったというか。

さらに変化が起こったのが、同じ頃、家の中の汚れをサッと落とせるようになったのです（当然すべての場所ではないですよ）。汚れが溜まる前に少しでも掃除をしておく。これが、自分のこころの中と一緒だなあと思えたからです。そうすると、汚れやすいところや自分がキレイにしておきたい場所はどこなのだろう？　と自然と考えちゃうわけです。ぜんぶ自分のことなので、自分にしか決められないこと。わたしは料理が好きなので、毎朝コンロ周りだけはピカッとさせることに決めました。油汚れが落ちやすいセスキ炭酸スプレーで、シュッシュッとして拭き取るだけ。時間にしたら数分です。ノーマークだった鏡も、大切にしようと決めたもののひとつです。鏡って、自分を映すものじゃないですか。その鏡をクリアにしておきたかったのは、鏡が曇《くも》っていたり、ホコリをかぶっていると、自分のこころの中も見えないような気がしたからです。今まで自分のこころを見て見ぬふりし続けた結果、ひらめいた、自分への教訓のような、自分を見てあげなよという習慣。たとえば、洗面所の鏡も、洗濯前のタオルで全体をサッと拭く、歯磨きなどで汚れたらサッと拭く。実際、鏡が輝いていると、それだけで気分がいいんです。

わたしは「心地よく生きる＝心地よく暮らす」だと思っています。家の心地よさは、わたしにとっては重要なポジションにあるわけです。自分の生きかたは、自分でしか決められないと、家と暮らしを整えていくことで実感したのでした。

モヤモヤを持ち続けることができなくなった

散らからない仕組み

可愛い日めくりカレンダー。裏が黄色いんです。これはそのまま捨てるにはもったいないなと、保管しておく専用の缶を用意し、散らからない仕組み作り。缶の上に日めくりを置いています。めくった日めくりはメモにしたり、ちょっとしたメッセージを書いたり。缶の中のめくった紙が日々の重なりを見るようです。

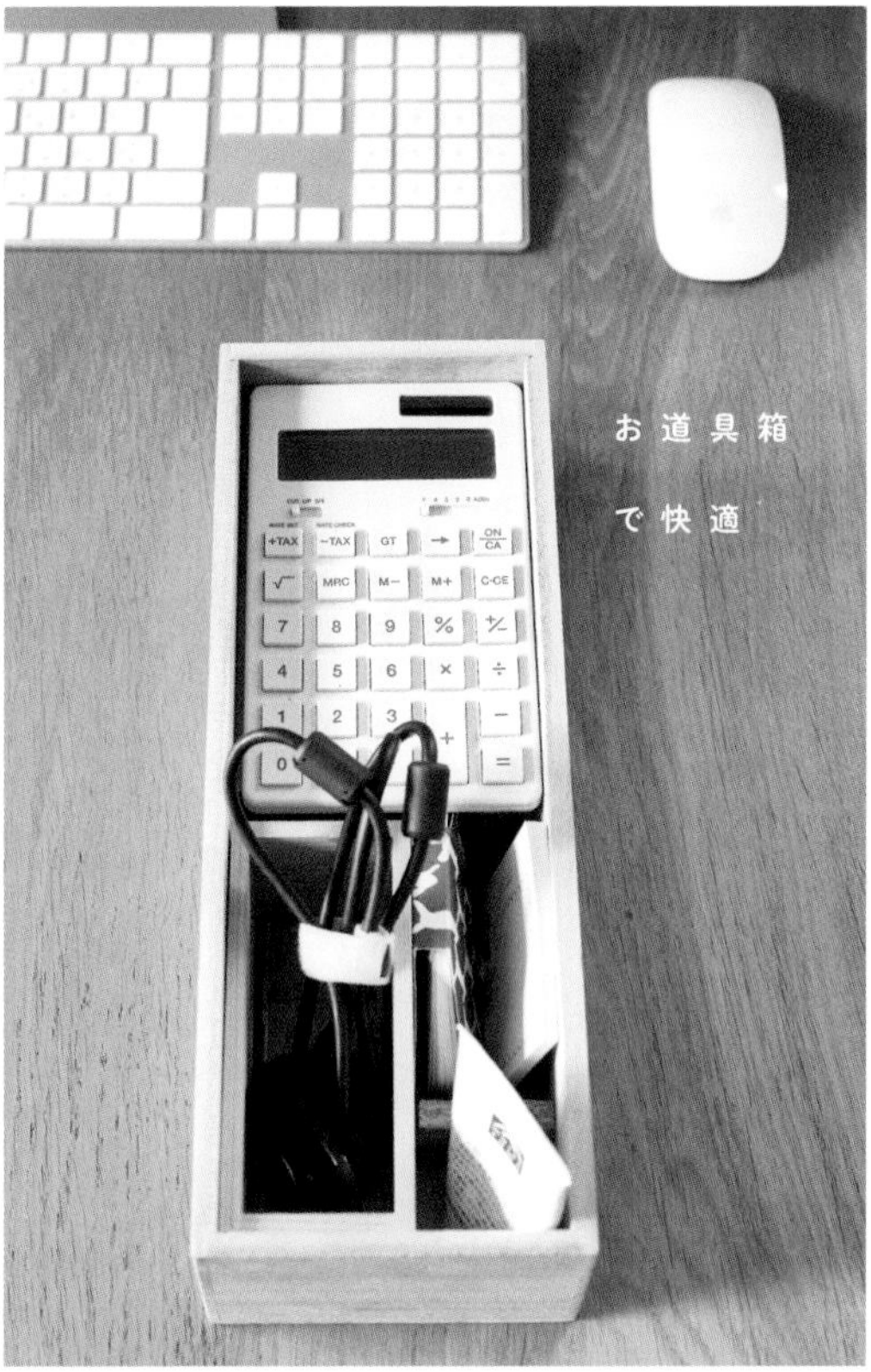

デスクワークで使うこまごまとしたものを、すぐに取り出せるように、お道具箱のようなものに収納しています。電卓、カメラの線、ハンドクリーム、メモパッドなど。日本酒が入っていた木箱の幅に、電卓がジャストサイズ！

カメラの三脚を、どうやって収納しようか、長年考えていました。取り出しやすく、目立たない場所ってあるだろうか。そうだ、デスクの下に吊るすのはどうだろうか。ある日思いつきました。頑丈なフックはホームセンターで、引っかけるベルトは登山用品店で手に入れました。なかなか使いやすいです。

散らからない自由研究

モノを減らしたり家事の仕組みを作ったりしていくうちに、今まで体験したことのない心地よさに浸っていました。これぞリゾート。押し入れから使ってないものがなくなっただけで、幸せ。日々の中にほんの少し、家事時間を設定するだけで、平和。これが心地いい人生かと、夢中で家の中を整える毎日です。ところが、ふと頭をよぎることが。もしまたモノが増えて、この心地よさが遠のいてしまったら……という一抹の不安。いや、だめだ、この心地いい状態をキープしなければ、と思ったのです。

それには、自分が何を持っているのかを知らなくてはと、ノートに書き出してみることに。洋服なら、トップスやズボンなどは何着持っているか、収納棚の中は、段ごとに、どんな日用品を入れているかなど。簡単にですがイラスト化して、自分が何を持っていて、どこへ収納しているのかを書いていきます。このとき、わざわざイラストにするのがミソ。なぜなら、どうでもいいものはイラストにする気がおきないからです。おかげで家の中のモノはさらに選抜されていきました。うむ、いい感じ。なんだか大人の自由研究気分です。さて、これを散らからないようにするには？　と、さらなる野望が出てきます。

わたしの中での鬼門はなんといっても洋服収納なんですが、ここを改良することが大切だと思ったわけです。実はタンスというものはわが家になく、小さなチェストとクローゼットが主な収納場所でした。小さなチェストへは、トップスでもTシャツでも、ぎゅうぎゅうと押し込み、なんとか収納していたので、やがて奥のほうにあるものは忘れさられていく……。シーズンごとに、素敵だなと思う服をつい買っては、収納場所はパンパンになっていたのです。ですが、モノを減らしたときに、洋服もかなりの数を手放したので、今がチャンス。散らからないためには分類だろうと、新たに、本棚の一部を衣類スペースにしようと決めました。そのスペースに、無印のボックスがちょうど3つ並ぶことが判明したときには、キターッとガッツポーズです。というわけで、本棚2段に計6つのボックスを使うことに。①靴下やレギンスやハンカチ　②ズボン　③冬のセーター　④登山用の衣類　⑤畑の作業着　⑥何も入れないボックス。

分類したので、何が増えたかわかりやすいところがいいんです。その種類の中で、手放す衣類を決めるだけ。おかげでなんとか量をキープすることができています。

鬼門はなんといっても
洋服収納

量をキープする秘訣

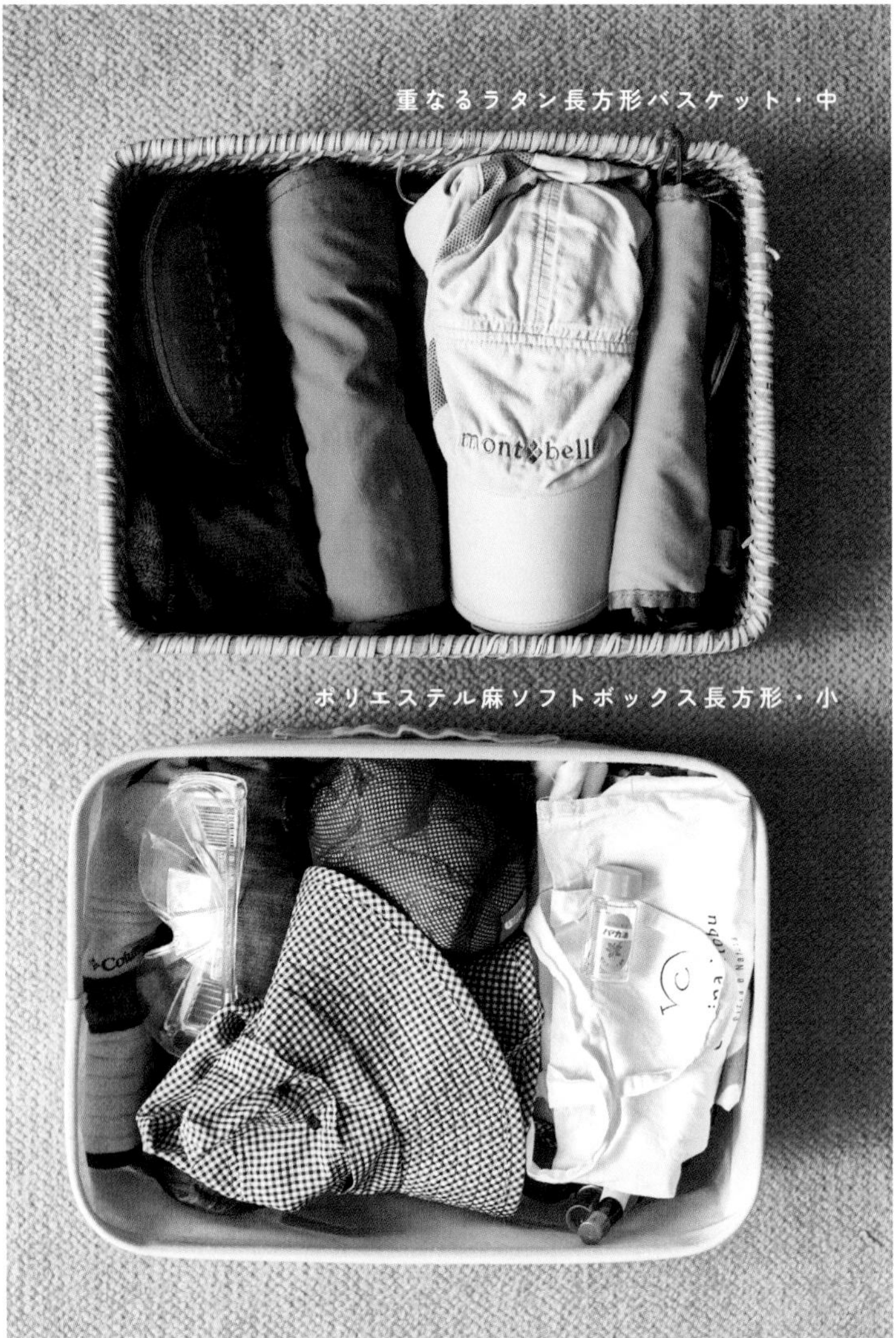

無印良品のこのサイズのボックスが6つ。上は登山用の衣類、下は畑の作業着で分類しています。たとえば、登山用のボックスがギュウギュウになって、溢れだしそうになったら、この中で手放すものを決めるだけ。全体の量じゃなく、分類したグループの中で考えるだけでいいから、簡単なんです。

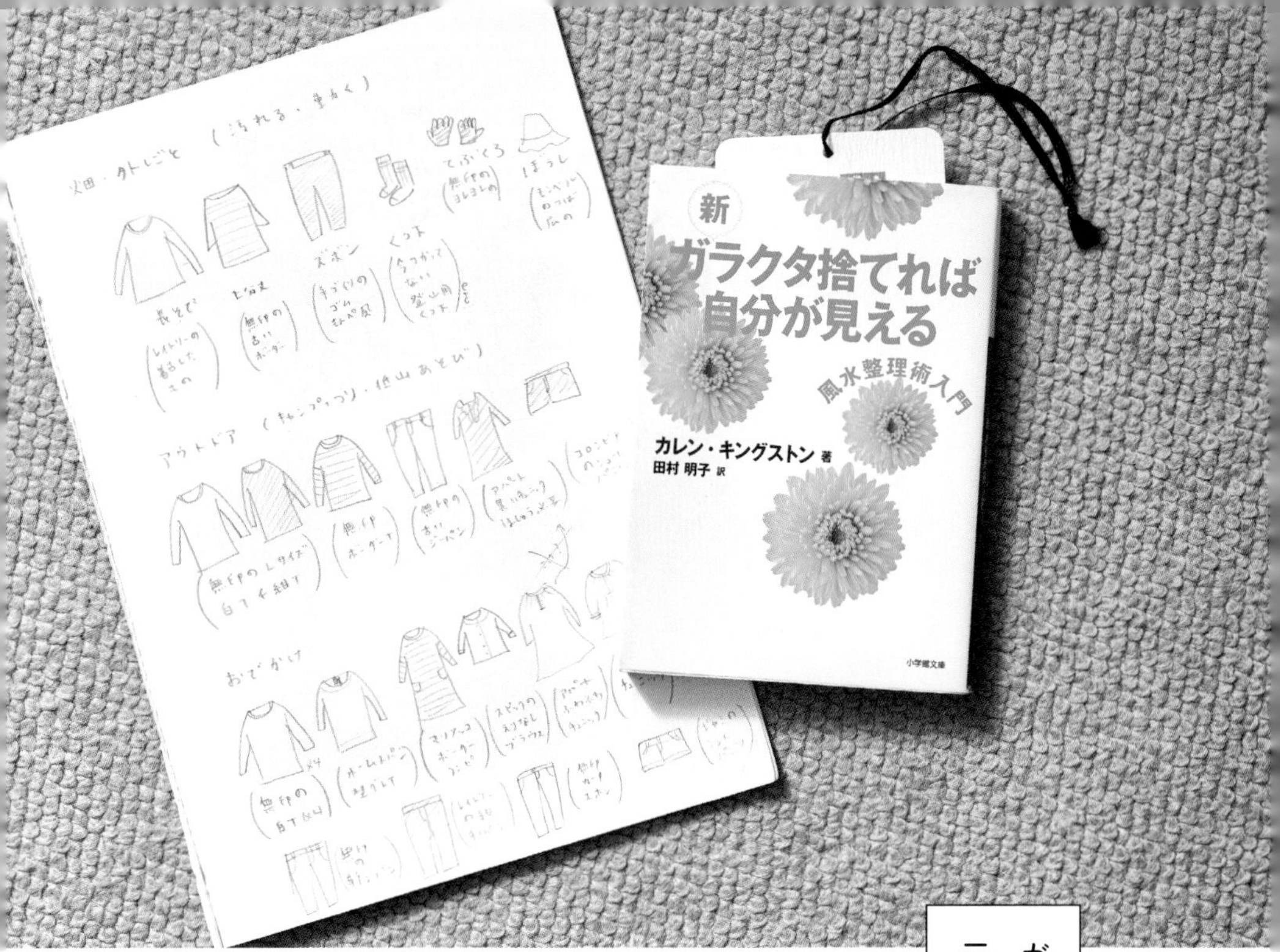

ガラクタ捨てて元気になる

何かにとりつかれたかのように、自分の持ち物を分類していた頃のノート。洋服の他に、日用品や調味料なんかも細かく書き出していました。書くのが嫌になるほど、持っていたなあ。ガラクタの本は今でもマイバイブルです。何度読んでも笑ってしまうほど、あるある話が書かれています。国が違っても人間って同じなんですね。

本棚の裏のしろちゃん

「ヤッホー！」と、山の上から遠くへ向かって声を出したことありますか？　わたしは、何度かあります（近所のよく行く小さな山限定で）。叫ぶ前はドキドキしますが、やってしまえばその瞬間だけのことで、何も残らないのがいいんです。誰もいない、シーンと静まりかえった山の上、目の前に広がるのは遠くの山と空だけ。本当に誰もいないことをチェックして、いざ「ヤッホ――！」と、叫ぶと、ものすごい開放感を感じられるんです。わたしは今この山にいるんだ、というのを、ガッツリ味わいます。この山にのぼってきたんだな、って、こころがギュッとなるんです。

数年前、友人との会話でこころに残った言葉があります。「自分の山をのぼらんとな」って。これからの人生どうする、こんな計画をたてている、とか、そんな話の中で、ふと友人が放った言葉でした。「自分の山が渇水するときもあるけど、人の山をのぼってもしょうがないし」と。「あ！」

自分の山をのぼる

と前のめりになって、わたしはその話に食いつきました。そうか、そうだよね、と激しく同意したのと同時に、今までモヤモヤしていた将来の不安とかが急にスーッと消えていったんです。人の山を羨んでもしょうがないよね、ということ。たとえば、富士山はみんなの憧れで人気があって素晴らしいけど、自分は富士山みたいにならなくてもいいってことです（もちろん富士山でもいい）。自分にしかのぼれない自分の山を、思う存分楽しもうじゃないですか。そう考えるとワクワクします。とは言っても、すぐに生きかたを変えるなんて無理なので、ちょっとずつ自分の山を探検するような気持ちで。とにかく自分の好きなものを見つけだせばいいんじゃないのかなって思います。春は山菜、夏は木陰の涼しさ、秋は紅葉、冬は雪山、のように。レッツ、自分の山のぼり。

（ 自分の山のぼりのために ）

◎デザイナーという職業にしばられないことに決めた。

◎YouTubeで職業に関係なく暮らし系のVlogを発信してみた。

◎仕事のシステム化のように家事の仕組み研究をしてみた。

2章　解放するアイテム

モノと心地よくつきあうために、わたしが気づいたこと。

ふだんに着る服

衣類を整理しているうちに、自分の服についてもふと考えてしまいました。あれ？　わたしって、そんなにいい服を持ってないのでは。いい服って、高価なというわけではなく、自分が心地いいと思えるかどうかの〝いい服〟です。ボーダーの服が好きで、いろいろ持っていたのですが、どれももうヨレヨレ。他にはホームスパンのロンTが可愛くて、よく着ていたのですが、実はわたしの身長では着丈が微妙に足りていなかったのです。かがむと背中が見えそうな感じ。もし、こころから心地いいと思える服を毎日着ていたら、どんな気分だろう。今までとは違う暮らしになりそうだな、そんなふうに思えました。

では、わたしはいったいどんな服を着たいのか。これまたノートの出番。ノートに思うままに書き出してみます。まず自分の顔を描き、次に上半身にはゆるい感じのブラウスを描きました。ここで本心を知る。あんなにTシャツ系ばかり着ていたのに、本当はブラウスを着たかったんだ。もちろんブラウスも持っていましたが、お出かけ着のようなポジションだったのです。次にボトムスも。ゆったりとした楽そうなパンツを描きました。質の良いボトム、リラックスできるはき心地、とメモを付け足します。それまではジーンズがほとんど、たまにチノパンもはいてみたり。ところが、ジーンズはゴワゴワしているし（わたしのはいていたジーンズが）、チノパンもヒップがギリギリで、着脱にストレスを感じていたんですよね。ここで思い知る。わたしは、ふだんこんなにも心地よくない服装をまとっていたんだわ。これでは心地いい毎日から、自ずと遠ざかっているようなもの。気づけたときが吉日。わたしは決意しました。出かけない日でもトップスはブラウスにすること、パンツは質の良いリラックスできるものに。家にいることがほとんどなので、ふだんに着る服をもっと〝いい服〟にするのだ！　と。

ところがです。ブラウスもパンツも仕立てのいいものを着たいのですが、自分の体型に合うものを探すのが大変で。お値段も可愛いものばかりではないので、ホイホイと買えもしない。わが家はおこづかい制ではないので、欲しいものがあるときは、夫に申告して買うのですが、わたしばかり高い買い物するなんて。気が引けます。そんなとき、またしてもこころの声が聞こえてきました。「自分で自分の服を作ったらいいんじゃない」。〝いい服〟は探すだけじゃない、作るという道もあったのです。

出かけない日でも
トップスはブラウス

spring
summer

春夏に着る服 3パターン

春から夏に着る服のパターン3選。モットーは、着心地がいいこと。自分が着ていてリラックスできるのが大切です。薄くて淡〜い色が好きです。

1

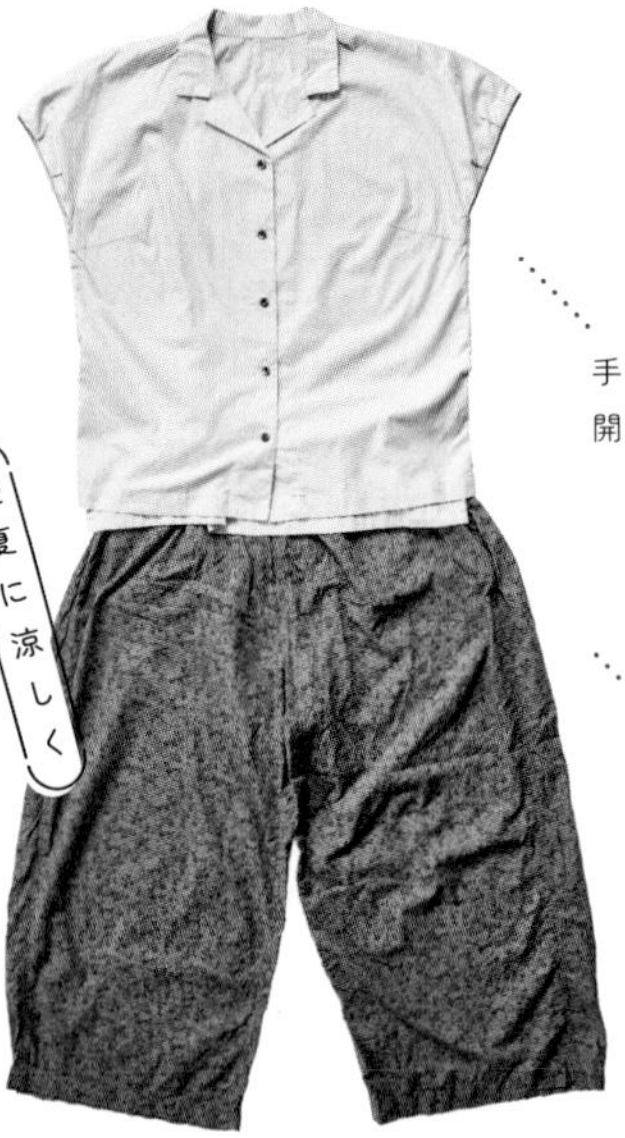

盛夏に涼しく

手作りの開襟シャツ

ARMENの花柄パンツ

2

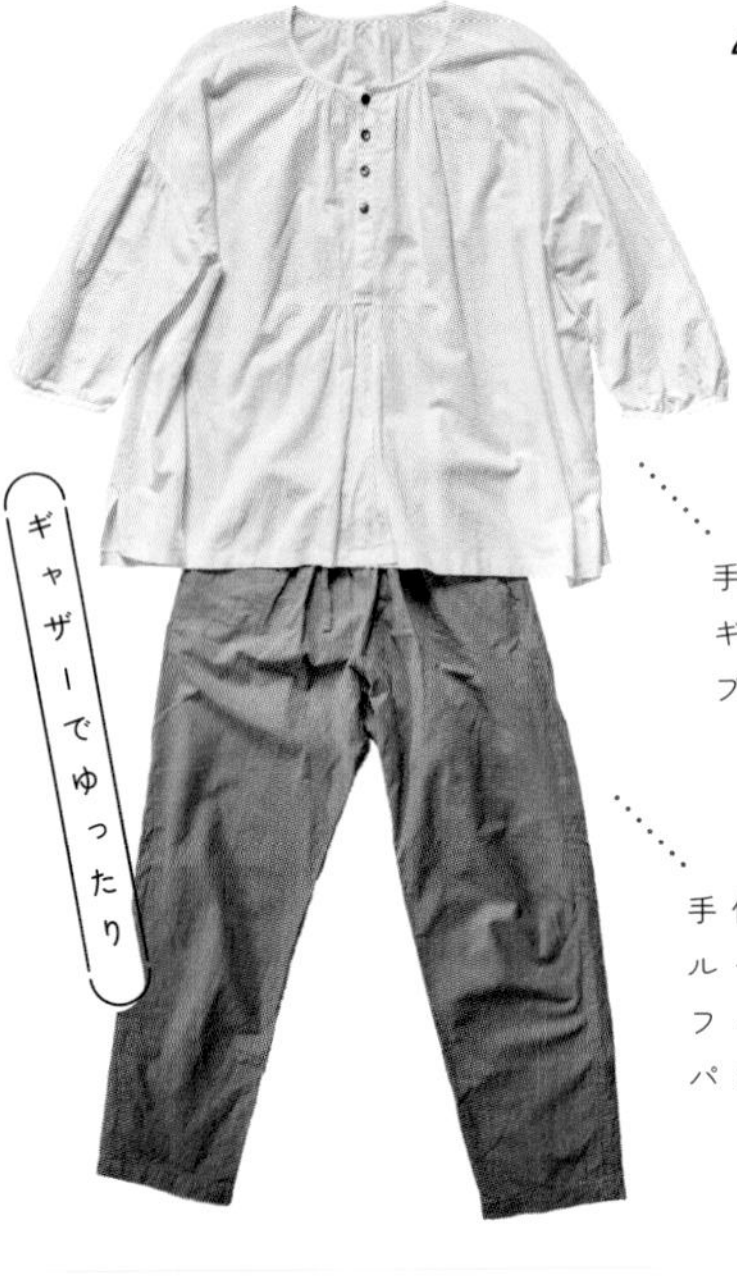

ギャザーでゆったり

手作りのギャザーブラウス

手作りのルーズフィットパンツ

3

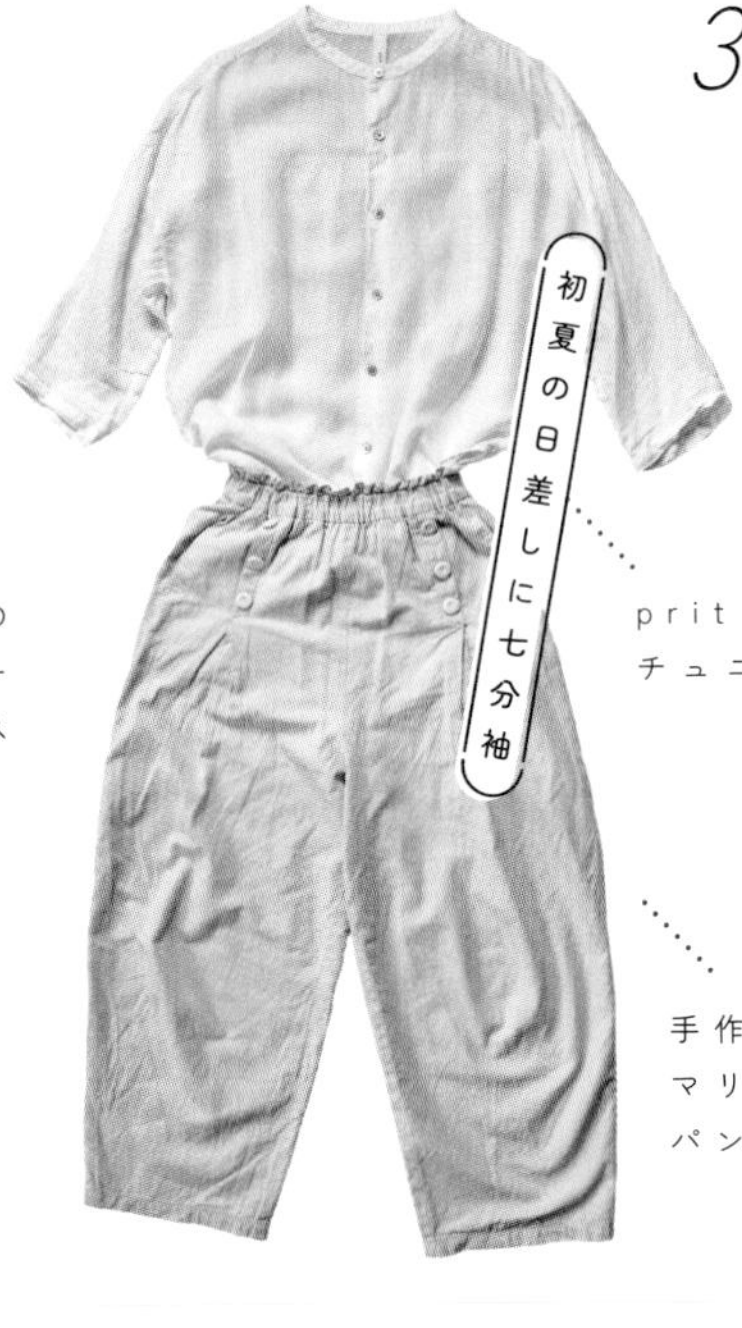

初夏の日差しに七分袖

pritのチュニック

手作りのマリンパンツ

autumn winter

秋冬に着る服 3パターン

秋から冬に着る服のパターン3選。寒くなるとウールのセーターの暖かさに安心します。コットン起毛のパンツの下にはウールのスパッツをはいて、快適に過ごします。

1

ウールが好き

シャルパンティエ・ドゥ・ヴェッソのウールセーター

手作りのコットン起毛のパンツ

2

淡い色コーデ

手作りのチュニック

手作りのマリンパンツ

3

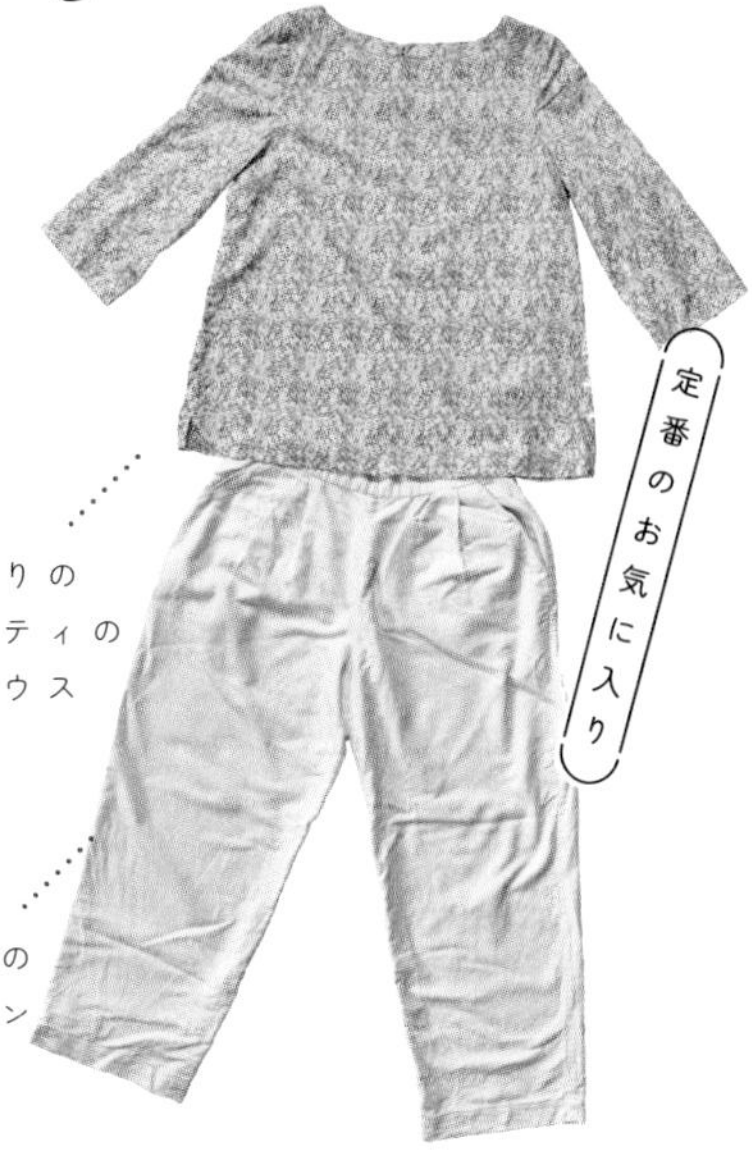

定番のお気に入り

手作りのリバティのブラウス

手作りのコットン起毛のパンツ

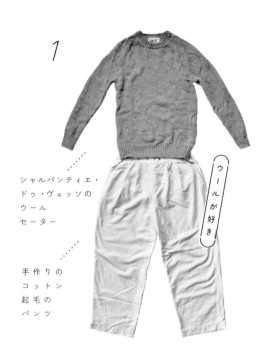

年齢とともに好きな服と楽な服のあいだ

人生ではじめて向き合った自分にとっての〝いい服〟。今まではは、なんとなく好きな服を着ていたのですが、着る服について、自分の意志を持つって大事なのだなあと思いました。こうなりたいから、こんな服を着る、のように。わたしは〝心地よく生きたいから、心地いいと思える服を着る〟ことに決めたのです。一気には無理なので、少しずつ変更できる服から。ちょうど年齢もアラフォーに差しかかる頃で、昔よりも自分の身体に意識を向け始めていました。こころと身体はつながっているんだし、いい服を着て、心身ともに健やかでありたいと意気込む。まずは簡単なブラウスを作ることにしました。相当久しぶりにミシンを使います。10代の頃はミシンで洋服作りをしていたのですが、それは当時、『ご近所物語』という漫画が好きで、主人公の女の子が自分で可愛い服を作っていたのを真似したかったから。ウエストがゴムの簡単なスカートとかですが、子どもなりに楽しんでいたなあ。

さて久しぶりにミシンを動かします。ミシンのカタカタという音が耳に心地いい。技術はないので、とにかく作業を丁寧にこなして、仕立てがいいものになるよう、最大限こだわりました。向こうが透けるような薄い生地で作ったのですが、これは着ていて楽な、肩がこらない服が欲しかったから。薄いといいのは、着ていて肩がこらないだけではなく、ボトムにインしたときに、ごわつきにくいのもポイントなんです。自分の気分次第でいろいろなシルエットで着ることができます。

最初のブラウスは、正真正銘、わたしにとっての〝いい服〟になりました。着心地も、好みのデザインも、どちらも手に入ったわけです。その勢いで、作ったことのないパンツにも挑戦。ウエストがゴムのパンツですが、脇ポケットのついた可愛いパンツです。そしてやはりゴムのパンツは楽だった。家事の時間、毎朝の掃き掃除でほうきとちりとりを使うときでも、かがんだり、立ったり、快適に動けます。仕事中も快適。足腰に締め付けを感じないので、気分良くデスクワークに集中できます。

わたしにとっての〝いい服〟は、わたしにしか味わえないもの。毎日いい服着ているわ〜と、こころからそう感じている暮らしは、胸を張って生きることに通じていそうだな、なんて思ったのでした。

スカートがはきたくなって、Vネックのジャンパースカートを手作りしました。コットン起毛の生地で冬でも暖かいです。

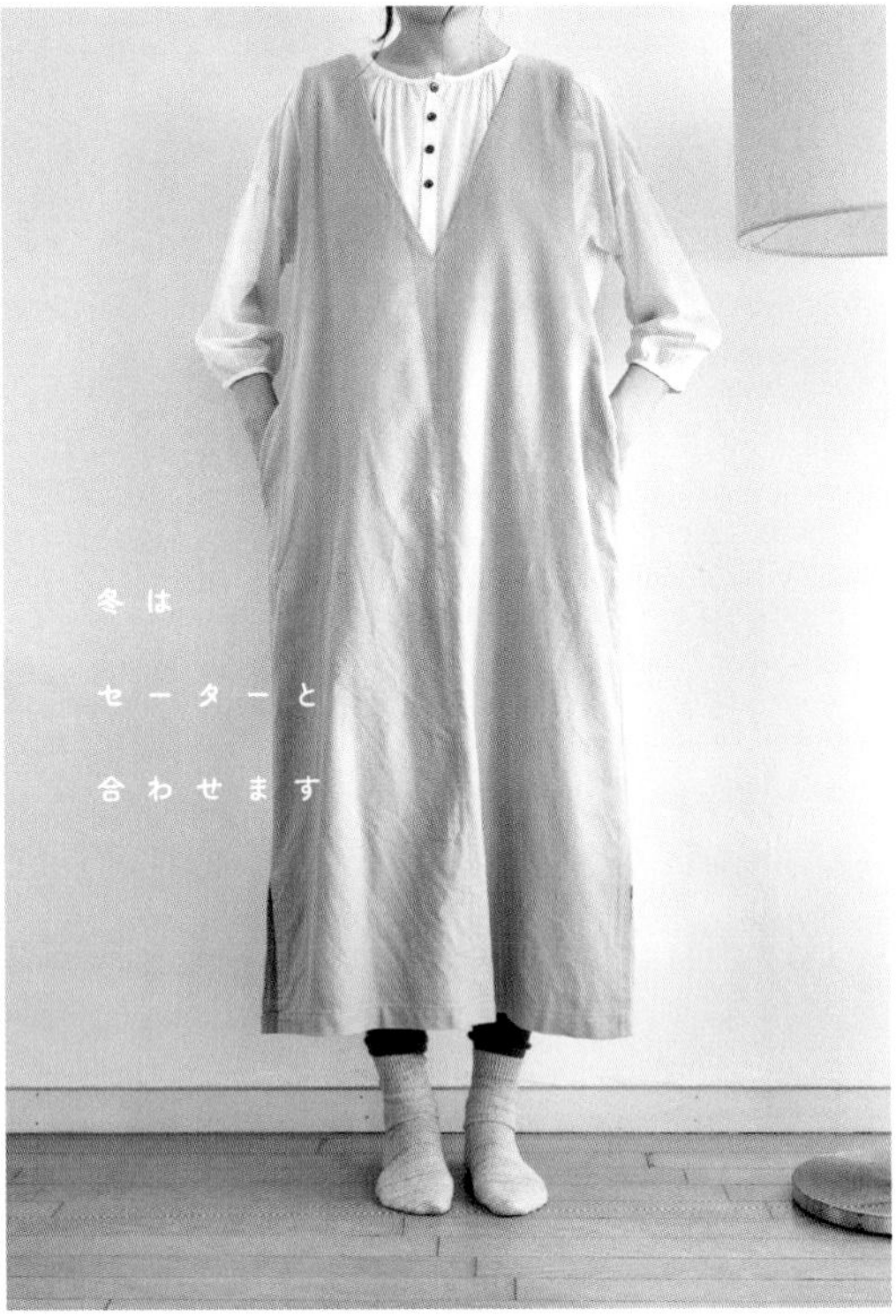
冬は
セーターと
合わせます

以前に手作りした、半袖シャツワンピの袖を外してリメイクしました。袖がないだけでずいぶん涼しい着心地になって満足です。

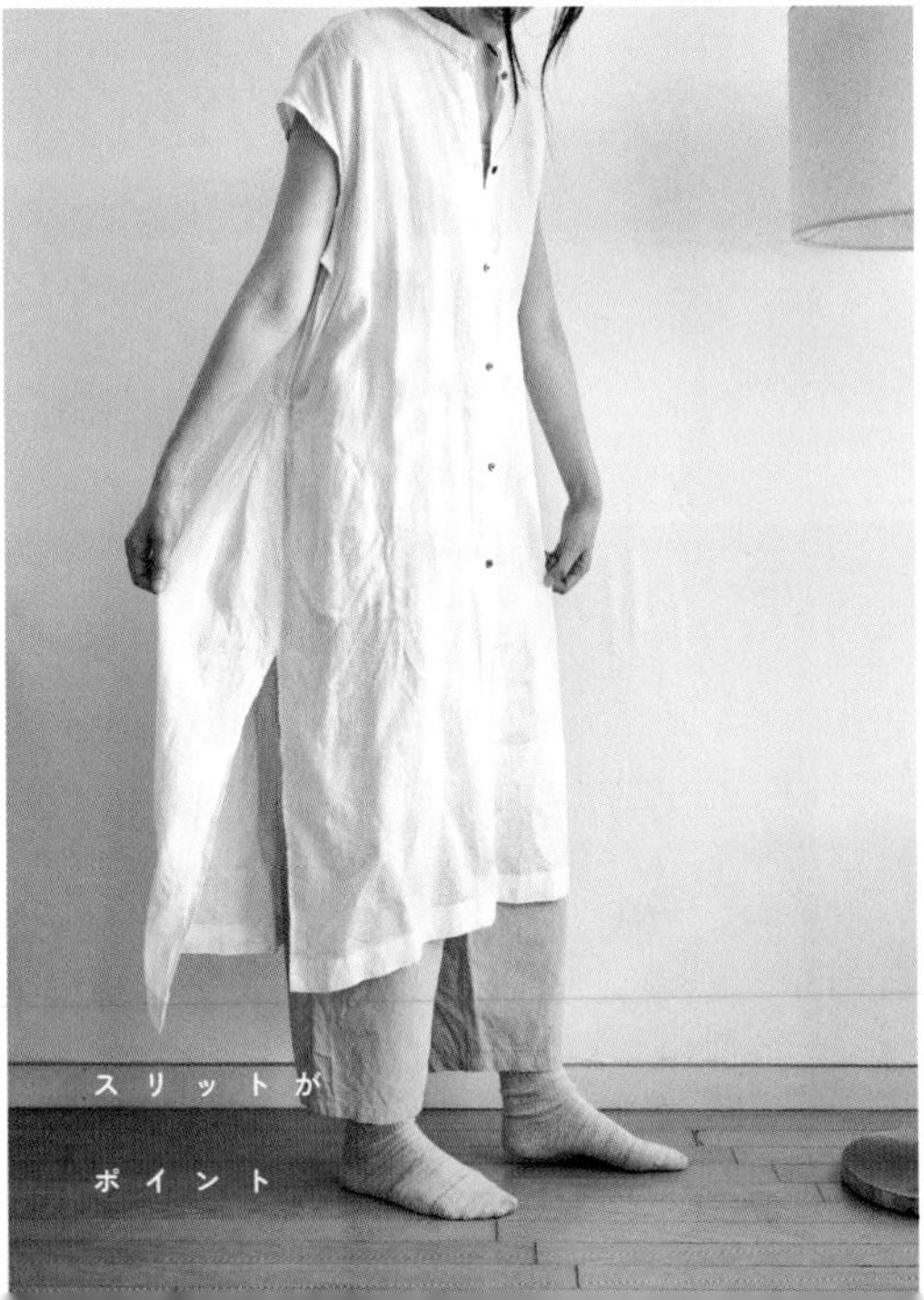
スリットが
ポイント

自分の着心地に寄り添える

心地よさをまとう

記念すべき手作り服トップス１号。ゆったりとした着心地で、ふんわり軽い生地です。何年も何年も着続けて、ついに肩の部分に穴が空いてしまいました。今までありがとう！

自由な食器棚

わたしの日々の生きがいは、美味しいご飯を気分よく食べることです。「このブロッコリーの蒸し焼き、簡単なのに美味しい！」「ニンニクがいい仕事してるよねえ」などと、毎晩、夫婦でワイワイと楽しみます。季節の野菜は、シンプルに料理するだけで美味しいんですよね。お口に入れた瞬間、うれしくて自然と顔がほころんじゃいます。生きているっていいなあと、じんわりくるんです。これって幸せをも味わっているのでしょうね。今日もありがとう！と、あらゆることに感謝がわいてくる。

ところで、美味しい食事に欠かせないものといえば、なんといっても器です。作ったおかずを何倍にも美味しそうに見せてくれるんですから。それがうれしくて、作家さんの器や、北欧のアンティークものなど、楽しくてやめられない止まらない器集め。いつの間にか、台所の造り付けの棚は、お気に入りの器がギュウギュウとひしめき合っていました。きっとどこの家庭でも同じだと思うのですが、毎日の夕飯作りとなると、少しでもサッと作って料理を終わらせたいですよね。わたしももちろんそうで、手早く作り終え、さあ食べて飲みましょう～としたい。すると、あることに気がついたんです。大皿、

重ねすぎません宣言
もう器は

小鉢、平皿と、毎日食卓に登場するのですが、あれ、いつも同じ器しか使ってないぞ、他にもいろいろと持っているはずなのに。答えは簡単、器を積み重ねすぎていたので、上の数枚しか使っていないのでした。夕飯作りのあわただしい時間、取り出しやすい器に手が伸びるのは当たり前。はるか下のほうにある器なんて、いつ使ったのか思い出せないんです。ああ、せっかく好きで集めた器なのに……と、いたたまれなくなりました。台所の棚は、段数が決まっていて増やせなかったので、それも原因だったのですよね。ですが、そこさえ乗り越えれば、解決するのではと、急に食器棚の段増やしにスイッチが入る。もう器は重ねすぎません宣言です。すぐさま夫に相談し、段を増やすために、食器棚の中に入れる棚を作ってもらいました。棚はコの字型のシンプルなもの。ホームセンターで板をカットしてもらって、ネジで止めただけ。それを食器棚の中へ入れて完成です。これが快適すぎることこの上ない。増えた段のおかげで、今までよりも自由に器を選べることが、こんなにもこころを軽くしてくれるなんて。毎日のことだけに、この小さな快適はあなどれないなと、今日も満足げに器を手にとっています。

浮かせたり立てて並べたり

漆器コーナー（下段）と、鍋蓋（上段）の棚。漆器は重ねすぎて、奥の器が取りづらかったので、浮かせる棚を増設し快適になりました。家に余っていた板をノコギリでカットし、強力両面テープで貼っただけ。

飲みものの相棒たち

リビングのカップボードに、カップやグラス類をまとめて収納しています。北欧のアンティークのカップや、作家さんの磁器の茶器、手書きの赤い文字が可愛い湯呑みもお気に入りです。この湯呑み、春って書いてあるんですが、指で書いたそうで、なんだかダイイング・メッセージみたいな手法が衝撃的で買っちゃいました。

北欧カップ … ARABIA
茶器 … 林《はやし》沙《さ》也《や》加《か》
赤い文字の湯呑み … 光《みつ》藤《ふじ》佐《たすく》

自分のルールが苦しくなったとき

モノを減らしていちばん良かったことは？　と聞かれたら、「こころも身体も元気になったこと」迷わずこう答えると思います。こんなにも調子がいいのは生まれてはじめてだわ〜と、心地よさをかみしめています。こころも身体も軽くなり、まるで背負っていた荷物をおろしたときのような気分です。自然と背筋がシャキッと伸び、今まで常にこころにあったモヤモヤが晴れていくようでした。「台所の食器棚は器が取り出しやすく収められている」「寝室はベッドとチェストと本棚だけになり、スッキリとした気分で眠ることができる」「押し入れの中は八分目の量の収納で見渡しやすく」ああ、快適で最高。これからはモノを増やしすぎず、必要なものだけを持つことにしよう、そう自分の中で決めたのです。

ところが、これが簡単なようで難しい。世の中には素敵なものが溢れていて、お店でもネットショップでも、見つけるたびにいいなあ、欲しいなあと、物欲がわいてきます。可愛い琺瑯《ほうろう》のケトル、真鍮《しんちゅう》のアンティークのスプーン、涼しげなガラスの器。これらを買うときは、ひとまず収納場所を考え、本当に今の暮らしの中で必要なのか？　をシミュレーションし、頭の中でグルグル考えます。そうして、買うか買わないかを決めるわけですが、こればかりしていると正直、息が詰まるんですよね……。そこで限定解除のカテゴリーを作ることにしたのです。わたしは紙ものが好きで、たとえば、手すきの和紙や、絵はがき、美術館オリジナルのメモ帳など。このカテゴリーなら、何も考えずに買うことにしました。旅先、雑貨屋さん、美術館などで、素敵だなあと思えるものに出会えたとき、ワクワクとした気持ちを大切にして買います。わたしは今、好きに自由に買っているのだ、と意識して、解き放たれていることをじっくり味わうんです。夢中で選んでいるときのワクワク感って、大切なこころの栄養だなって思うからです。

今は、この紙ものカテゴリーのおかげで、リフレッシュができ、救われています。収納場所をそんなに取らないのもいいんです。どんなことでも少しの息抜きは必要、ゆるさが長くつきあうポイントなのかもしれないです。自分の作ったルールにがんじがらめになって、気分が悪くなるなんてナンセンスですもんね。力を入れるところ、抜くところを忘れぬように。

こんなにも調子がいいのは
生まれてはじめて

好きをストックする

Ludwig van BEETHOVEN
La Campanella.
Paganini Etude No.3
FRANZ LISZT
シルクスクリーン
封筒つき
シルクスクリーン
封筒付き

紙ものパラダイス

絵はがきや、メッセージカード、ポチ袋なんかにも目がありません。手すきの紙ものも、見ているだけで癒されます。ナチュラルな紙は、自然の景色を眺めているような気分に。

洗剤のナイスセレクト

家の中での裏方的なアイテム代表、といえば〝洗剤〟ではないでしょうか。食器洗い、掃除や洗濯、暮らしをまわすためには必須ですよね。ところがです。正直に言うと、洗剤ってそこまで欲しいアイテムじゃなく、買うとしても、それほど気分が上がらなかったんです。お気に入りの家具や器を揃《そろ》えるように、洗剤も選べたなら気分がいいのですが、いまいち選ぶ決め手もなく、なんとなく使っていた時代がありました。スーパーなどで売られているギラギラとしたパッケージの食器洗剤を、見た目のいいボトルに詰め替えたりして、なんとか工夫するくらい。

それが、とある出来事がきっかけで、洗剤選びの視点が変わりました。趣味のキャンプのために、ワクワクと荷物を準備しているときのこと。寝袋、テント、テーブル、椅子、調理器具など、キャンプを楽しむために必要なモノを揃えていたのですが、その中で、食器洗剤をどうしようかと考えていました。家で使っている洗剤を持っていくか、キャンプ用の洗剤を買うべきか、どうしよう。そういえば、マークスアンドウェブにアウトドア用の食器洗剤があったはず、と思い出し迷わず買ったのでした。環境に優しいことが書かれていたので、これならキャンプ場でも安心して使えるわ、と気分が上がります。

まわりまわって
自分のこころにも優しかった

洗剤を買ってうれしくなったのは、はじめてです。そこでふと思ったことが。「あれ？環境に優しい洗剤はキャンプのときだけじゃなく、ふだんにも使ったらいいのでは」。これが洗剤セレクトの出発点。ナチュラルな洗剤を買ったときの気分の良さは、見過ごしてはならない、大切なことのような気がしたのです。ラベルや色使いなど、やさしいデザインが多いのもわたしにとってはポイントが高めでした。きっかけはキャンプ道具という、遠回りなのですが、本当に腑に落ちる場面がないと、こころに沁《し》みてこないんですよね。環境に優しいことも大切だったのですが、それを選ぶことで、気分がよくなったんです。まわりまわって自分のこころにも優しかったということ。

これで洗剤も楽しんで選ぶことができるわ～と思いきや、たまには危険そうなカビ取りジェルも使っていますよ。臭いをかぐだけでも危険さが察知できるような……。しかしこれが気持ちいいほどカビが落ちるんです。ナチュラルクリーニングでは落ちきれなかったカビもなんのその。すべてにおいて優しく、っていうのはわたしにはほど遠いのですが、何事も少しずつですね。

頼れるものは何でも頼る

家電は黒か白を
選んでいます

チ〜ン！って音が
アナログ

1
2

❶コーヒーミルはカリタの復刻版ナイスカットG。蔦屋家電プロデュースのもので黒いモデルです。コーヒー豆が20秒くらいで粉に。以前は手動のミルで手挽きしていたので、家電の快適さを実感しています。❷トースターはビタントニオの古いもの。ホットサンドはもちろん、白子の昆布焼きなんかもこれで焼きます。

自分好みの使いかたで

冷蔵庫の上には、野田琺瑯のラウンドストッカーが２つ。小さいほうは、寸胴鍋として使います。琺瑯なのでガス火にかけられる。４・５ℓ容量なので、パスタをゆでたり、お出汁をとるのにもちょうどいいです。

何を選んで何を手放す？

持ち物ひとつで、暮らしかたが変わる気がします。たとえば、お気に入りのグラスで飲むビールが格別に美味しいのは、渇いた喉《のど》だけでなくこころまでも潤《うるお》してくれるからだと思うんです。

「このお気に入りのグラス、ちょっとお高かったけど奮発して買ってよかった〜」としみじみ思いながら、ビールを飲みほす幸せな時間。お気に入りのグラスひとつで、ほんのひとときが充実するんですよね。その充実時間がもたらしてくれることは〝暮らしへの愛着〟や〝どうやって暮らしたいか〟を考えるきっかけになったりもします。この幸せグラスはもっと取り出しやすい場所に置くほうがいいかも？　と、充実感をさらに暮らしの中に仕込みたくなり、燃えてくるのです。これは、暮らしを整えてモノを手放していくことで、より感じられるようになったことでした。たかが持ち物ひとつですが、暮らしへの影響力は大きい、ということにハッとなり、自分が何を持っているのかを点検することはとても大事だ！　と、定期的に持ち物チェックを始めたのです。

さて、問題はそのタイミングです。この点検を始めた頃は、休日に気が向いたら、とか、なんとなく思い出した日に、という感じだったのですが、それだと、なかなか点検する日がやってこない。しかし、悩ましくもモノは増えていく。どうしたものかなあと思っていたのですが、あたらしくモノを買って、棚に入らないよ〜というタイミングがズバリ賞でした。あたらしく買ったモノが、収納しきれず、溢れているのが合い図となり、持ち物を点検する、という当たり前のことなんですが、今まではそのまま押し込んでやり過ごしていたんですよ。それと比べたら成長したってことで。

食器棚や衣類ボックス、玄関の靴箱など、モノが増えたときに中をチェックすると、意外と使っていないモノがゴロゴロ出てくるんです。あたらしく器を買ったときは食器棚を見渡します。「すみっこのほうにある取り皿は最近使っていないなあ」。靴を新調したときは玄関の靴箱を開けて「このスニーカー、1年以上履いてないし、きっとこのまま何年も履かないよね」など。持ち物の出番は移り変わりが激しいよねえ、なんて、ブツブツ言いながら点検していますが、何を選んで、何を手放すかって本当に難しいです。これってモノだけじゃなく、人生にも通じていそうだなあ。

意外と使っていないモノがゴロゴロ出てくる

豊かな時間を

スマホを手放す時間を決めています。お風呂の前に、充電場所の木の器の中へ入れるのですが、これが区切りになってなかなかいいんです。ついつい SNS を見すぎてしまったり、ネットの怖いニュースを見て過剰にドキドキしたり、と、止まらなくなるネット鑑賞に境界線を。また明日も楽しませてネ、スマホさん。

ものに縛られない生きかた

わが家にないもの、テレビ・炊飯器・薬箱。その代役がこの3つです。

iPad

土鍋

ヘルスケア

はかり

アナログのキッチンスケールは、ソルターのもの。これで計るものはパスタだけ。他はデジタルスケールを使っています。こんな贅沢なアイテムがあってもいいじゃない。

収納を愛してモノを愛す

子どもの頃から、お店という場所にはいつもワクワクしていました。商品がズラリと並んでいる景色がたまらなく好きだったのです。駄菓子屋さんのギュウギュウ感、本屋さんは壁一面の棚に本の背が美しく並んでいる、パン屋さんは焼きたてパンが種類ごとに網にのっている、などなど。お店の陳列を見ていると、楽しくなってくるんです。大人になってからは、ほんのかすかに、お店がしたいなあと思ったこともありました。けれども、売りたいものがまったく思いつかないんです。そこで気づいたのでした。「待てよ、わたしは陳列がしたいだけなんだ」。じゃあ、家の中をお店の中みたいにしたらいいんじゃないか、そう思ってからは、家の収納の参考はもっぱらお店の陳列なのです。

お店の商品って、見やすく、手に取りやすく並んでいるんですよね。もう参考になるわなるわ。趣味で登山をしているのですが、山道具って必要なものが多くて、収納するものが結構あります。これはわたしにとっては燃える案件でした。見やすく、取り出しやすい山道具コーナーをつくるぞと、やる気がみなぎる。参考にしたのはもちろん登山用品店です。ネットでおしゃれな山のショップを見たり、実際に近場の登山用品店へ行って見学したり。そこでアイデアを研究しているときに、お店の陳列の良さは、同じアイテムが並んでいることだなと、思ったのです。登山靴が並んでいる、リュックが壁一面にかかっている、など。ルールはこれだ！　と、決めました。同じアイテムは並べて見せる収納に、ごちゃごちゃするものはカゴなどに入れる。たとえば、寝袋と登山靴は2人分あるので、見せる収納。これだけで登山ショップっぽいんです。クッカー（お鍋）や、バーナーなどの細かいアイテムはカゴに入れて。こうしてでき上がった、わが家の山道具コーナーは、奥行きの浅い無印良品のパイン材の棚に収められました。仕事部屋の片隅にしか置けるスペースがなかったのですが、うん、なかなかいい感じじゃないかと、自分で自分を褒《ほ》める。何よりも、昔からの憧れ、お店の陳列風になっていることが最大の喜びポイントです。なんだか山道具も誇らしげ。収納って、自分の持ち物を最大限に愛《め》でてあげることなんだなあ。

売りたいものが
まったく思いつかない

お手本は専門店にあり

登山用品店のセオリーにならって、この棚の中にすべての山道具を収めました。あ、リュックだけは、クローゼットの中なんですが。同じ種類のものを並べて、お店っぽく。収納が私の欲求を満たしてくれます。

梅干しズラリ。これも同じものが並んで、好きな風景です。
相変わらず、梅干しはありすぎですが、今、毎日一粒習慣
を続けて、ちょっと減ってきました。

好き嫌いが映る

身につけるもの、家具、食卓の器、台所用品、スキンケアなどに、そのときの自分の好みがバッチリ反映されています。そして、その好みは移り変わることだってもちろんありますよね。人のこころだって季節と同じで、移ろうものだと思うんです。あんなに好きだったものが、今はしっくりこないなあ、なんてわたしにはよくあることです。さて、自分の家の中を見渡すと、好みが移ろいでいった歴史がわかります。わが家のインテリアのテイストはごちゃ混ぜで、それは、好みが変化していった結果。なぜだろうか、器などは買ったり手放したりするのですが、家具は買い替えないんですよね。古い日本のスツール、無印良品の食器棚、トラックファニチャーのワゴン、ＩＫＥＡのデスクなど。本当になんでもありなんですが、意外とそれが心地よかったりもして。自分が納得していたらそれでよし、結果オーライなんです。

わたしはアンティークの北欧家具が大好きなのですが、今の家に住み始めた頃は、北欧家具はひとつもありませんでした（北欧ものは、ＩＫＥＡの家具やマリメッコのカーテンくらい）。北欧カフェなどに行ったとき、アンティークの北欧のテーブルや椅子に腰かけるたびに、いいなあと焦《こ》がれるだけ。どこで買えるんだろう、と思っていたら、地元・

金沢に北欧家具のお店があるじゃないですか。今でも忘れません。そのお店を見つけた際、ガラス越しに店内を眺めたときのあの興奮。あれもこれも北欧家具だー！　と、ダイニングテーブル、椅子、チェスト、ソファ、小物、何でもあることに歓喜しました。アンティークの北欧家具は、どれもこれも美しいシルエットで、オイルフィニッシュされた木肌はきらきらと輝いていたんですよねえ。思わず買ってしまったのは、3段の引き出しがついたアンティークの小さなチェストです。わが家のインテリアともマッチして、飛び上がるほどうれしかったなあ。好きだと思えるものは、理屈なんてないんですよね。そうやって好みの移ろいを重ねて、そのときの自分にぴったりな家になっていたらなあ、なんて思います。

あんなに好きだったものが
今はしっくりこない

日々を彩る
モノをえらぶ

好きなものはカゴ、北欧アイテム、可愛いテキスタイル、楕円のお皿。日常の中に少しあるだけでもうれしくなります。青いテキスタイルのバッグは何のモチーフだろうと思ったら、拳《こぶし》でした。言われてみたら！　何かわからないっていいなと思って選んだテキスタイルです。

カゴ … mikke
楕円皿 …（大）mikke、（小）NIKKO
小さなグラス … 北欧アンティーク
青い拳のバッグ … 山﨑菜穂子

お金に灯るもの

はじめておこづかいをもらったのは、小学1年生になった頃でした。キティちゃんのお財布に大切に300円を入れていたなあ。買うものはお菓子やシールなど。欲しいものが買えるお金は、子どもにとっても魅力たっぷりでした。毎月1日のおこづかいの日が楽しみで。そして今、わが家にはおこづかい制はありません。結婚当初はあったんですよ。けれども、欲しいもの(洋服など)をネットショップで買うことが増え、おこづかいで買ったり、家の予算で買ったりと、曖昧《あいまい》に流れていくことが多々で……。何だか違うぞ、となっていきました。さらに、わたしは友人と遊びに行くことが滅多にないんです。遊ぶというと、夫としか遊びに行かないという、これって特殊な気がしますが、どうなんでしょう。というわけで、おこづかいの必要がないんですよね。最初はおこづかいがないなんて、と少し不安だったけど、なければ減ることがないし、これはこれでお金から解放された気がします。本当に欲しいものがあるときだけ、たとえば、洋服や靴などが必要ですって理由を述べて買わせてもらうゆる〜いシステムです(お金の管理は夫担当なので)。

そんな感じで付き合っているお金ですが、わりと最近まで、お金に対してモヤモヤとした感情を持っていました。その理由は、お金を労働の対価だと思っていたからです。これがわたしには結構なプレッシャーで。せっかく働いて手にするお金ならば、もっと(自分にとって)いい意味はないだろうか。そう考え、お金にあたらしくテーマを与えることにしました。歌にタイトルをつけるような感じです。タイトル名「働いたから受け取るんじゃない、喜んでもらえてうれしかったから手にするもの」少々長いタイトルですが。勤めていたって、自営業だって、自分がしたことで喜んでもらえたらうれしいですよね。働いて受け取ることには変わりないのだから、その理由を勝手に変えてもいいじゃない。これでずいぶんこころが楽になったんですよね。

そういえば友人が、いいことがあったときに幸せ貯金をする、と言っていたなあ(貯金箱は〝幸せの缶〟という)。そのお金は、人に喜んでもらいたいときに使うんだとか！　お金の使いかたに自由に意味をつけて、喜びに変えるなんて、なんというアイデア。わたしも意識して、そんなふうにお金とつきあっていきたいものです。労働の対価じゃないお金もあってよし、それもなんだか素敵じゃないですか。

お金を
労働の対価だと思っていた

こころのコップに愛を注ぐ

どうしても許せないことが起こってしまったとき、それをわたしは「“愛”が足りていなかった」ってことにしています。すべての出来事に専用のコップがあるとして、そこに愛を入れ忘れていた、枯渇していた、ってことにしているんです。このとき、コップは空っぽなので、ひたひたに水を入れるようなイメージで、コップに愛を注ぎます。これはいろいろな本で読んで、自分流に解釈して習慣にしていることなのですが、“許せない出来事を引きずらないため”なんです。

ある日、車が故障して、直る保証はないという高額な修理を、ディーラーにお願いすることになったんですが、直後に怖気づいてしまい、廃車にしたいことをすぐに連絡しました。「車の修理をキャンセルして廃車にしたいです。まだ修理の日まで何日もあるからいいでしょ？」「もう部品を発注したからキャンセルは無理です」「えーー!!　そんなの電話して止めてくれたらいいじゃん」「社内の規定だから無理です」「白目（まあこっちが頼んだんだしね……）」修理代は決して安くはないので、キャンセルできないことを恨んでしまいそうになったのですが、こんなときこそ、コップに愛を注ぎます。案の定、わたしの中のディーラーのコップは空っぽになっていました。いつもは、メンテナンスしてくれてありがとうって愛で満たされていたのに。メンテナンスしてくれたときのことを思い出し、いっぱい感謝して、愛を注ぎました。嫌な気分を持ち続けていても、な～んにもいいことないですからね。

それにしても、腹が立つことって思いどおりにいかないこと、これに尽きます。起こってしまったことはしょうがないので、それを自分の中でどうするか、ですよね。

（　愛の注ぎ方　）

①許せない出来事だけど、良かったところを思い出す（きっと見つかるはず）。

②空っぽのコップをイメージし、そこに愛という液体を注ぎ、ありがとうって感謝するだけ。

嫌な気分になりそうになったときにこれをすると、
ちょっと落ち着いてきます。あとは時間がこころを治癒してくれる。

3章　食べる解放

味わうごとに、自分のいのちになっていく。

こだわりという病

わたしにとって、料理すること、それを味わって食べることは、生きているな～ってダイレクトに感じられる喜びでもあります。食材を包丁で切る音、美味しい匂い、いきいきとした食材を目で楽しんで、と五感が自由に動きだします。なぜ、食べることが好きになったのかというと、食に興味がなく、体調をくずしたことがきっかけだったんです……。会社勤めをしていた20代の頃は、帰宅が遅いことを理由にコンビニ食に頼った生活。不規則な生活もたたり、案の定というか、体調をくずし、毎日の腹痛に耐えられなくなり、びょ、病院へ、と駆け込んだ次第です。病院へ行けば、原因を教えてくれるはず、と思っていたのが大間違い。先生は何も教えてくれずガッカリ（当たり前です。ただの不規則な生活と食の乱れなんですから）。薬を処方してくれたので、薬局まで取りに行くと、薬剤師さんが「お腹の調子が悪いんですか？食物繊維をとって、美味しいもの食べてね」と声をかけてくれました。ひとり暮らしをしていたので、久しぶりに感じる、母のような優しさにジーン。と同時に、「食物繊維って、何を食べればいいんですか」と前のめりになって質問していました。薬剤師さんはにっこりと「野菜だよ」と教えてくれたのでした。えー！　それでいいの。

それをきっかけに、自分が食べるものへの関心がわいてきたのでした。ちゃんと野菜をとって、いいものを食べよう。食の安全だとか、ちょっといい調味料が気になるようになったのです。今まで知らなかった食品の世界が楽しくなり、加工食品や調味料を買うときは、必ず原材料をチェックするようになっていました。必ず表示をチェックしないと、買ってはならぬ！　というルール。

ところが、自分でもうすうす気づいていたのですが、なんかしんどいんですよね。あの菩薩《ぼさつ》のような薬剤師さんは、美味しいもの食べてねって教えてくれたはずなのに、わたしは今、原材料チェック人になってやいないか。これは添加物が入っているからアウト、ダメダメーとか。健康になりたくて、食の安全にこだわるあまり、また違う病《やまい》にかかりそうになっていたのです。なんでもダメダメと、それは自分をも追い込んでいました。

今は合言葉を変えて、ほどほどって言っています。原材料はチェックするけれど、少しくらいはＯＫ。食べることって、思っている以上に気持ちも大事ですもんね。うーん、人生学びだらけ。

食物繊維って
何を食べればいいんですか

なみなみが好きなんです

タルトは、食べるのも作るのも好きです。なんといっても、あのなみなみの形。あの形状がたまらない。タルト生地を作るときも、生地を型にそわせる作業が楽しくて。親指と人差し指で、型と生地をつまむようにしながらギュッギュと整えていきます。

小さなタルトを作りたくてマドレーヌ型で生地作り。型には油を塗って、小麦粉をはたいておくと、型からタルトが外れやすい。

なみなみならぬ想い

健康への憧れと挫折

食べるものを意識しだしてから知ったのが、〝自然食品店〟です。それまでのわたしの人生には、まったく登場することのなかったジャンルのお店でした。もっぱら通っていたのは、生活雑貨やインテリアのお店、洋服屋さん、それからたまにカフェが付いている大きな本屋さんなんかも。そんなわたしの世界に楽しみがひとつ増えました。自然食品店に行くようになって、今まで見たことのなかった食品も目にするようになりました。たとえば無添加のポテトチップス、フェアトレードのチョコ、大豆ミート、たんぽぽコーヒーなど。たんぽぽのコーヒー⁉と、最初は目を疑いましたが、コーヒーに似た味の飲みものだそうです。ああ、楽しい、時間なんて気にせずどれだけでも見ていたいくらい、わたしにとってワクワクする場所となりました。お店の中にいるだけで健康になれそうで！

わたしは食改善、身体を整えることに燃えに燃えました。朝は白湯をすすることからスタート、夕飯のために午前中に玄米を浸水させ、食事は旬の野菜を食べる、お肉は控えめにし、魚と卵と大豆製品を多めに。ところが、ある壁にぶち当たったのです。食と身体についての話を、本などで読めば読むほど、どの健康法でも飲酒については必ず

NGなんですよね。それはちょっと……。他のことなら大体はやめられるんですがね。自分の人生からお酒を抜いてしまっては、生きている意味がなくなるのではというほどに、大切なアイテムなのです。そんな人生、ケチャップのかかっていないオムライスと一緒だ、と叫びたい。わたしはどうしてもお酒をやめられなかったのです。

憧れる、健康的なお酒のない生活者といえば、たとえば〝修道院で暮らす人々〟〝禅僧の慎ましさ〟〝ヨガをしている人の自然と調和した生活〟など、急に自分の暮らしとはかけ離れすぎたところですが。ただの憧れだけど、なぜだかこころ惹かれる生きかたなのです。清く、美しく、素朴で、まるで野の花のような魅力を感じちゃうんですよね。欲なんてないように見えてしまう。ああ〜いいなあ〜って。でも、自分の幸せはなんだろうと冷静になって考えたとき、わたしはそこまで到達しなくてもいいのかもと思ったんです（というかできない）。どんなものを食べたいのか、それを自分で選んでいくことがいちばん大切なのでしょうね。というわけでわたしからお酒は抜けなかったのでした。

自分で選んでいくことが いちばん大切

ピーナッツストッカーに米をストック

友人に誕生日プレゼントでもらったストッカー。10年以上使っています。ピーナッツが蓋の頭にチョコンとのってるのが可愛い。ずっと米ストッカーとして愛用。お米がちょうど5kg入ります。

野菜のいのちがわたしになる

義母の畑&わが家の畑の夏野菜。ピッチピチです。野菜も動物と一緒で、いのちがあるんだよという話を聞いてからは、野菜のいのちに感謝して、野菜にありがとうって「いただきます」をしています。

救世主あらわる

今は、夫も料理をするのですが、結婚当初、わたしが20代後半の頃は、すべてひとりでご飯づくりを抱えこんでいました（まだ自然食品店など通っていない頃）。さらには、夫婦で独立開業したことで、朝昼晩、家で一緒に食べることになります。さて、何を作ろうか？　朝と昼はまだしも、夜ごはんというとどうしましょう、となり、まずは基本のき、一汁三菜をベースで献立を考えることに。たとえば、ご飯、お味噌汁、メインは豚肉の照り焼き、人参の白和え、鰹節をたっぷりかけた玉ねぎサラダ、という感じで。お酒はビールをグラスに注ぎ、乾杯していました。朝は、なぜかパンケーキを焼き、コーヒーメーカーでいれた珈琲とともに。お昼は、塩むすび、玉子焼き、ウインナー、トマトくらいの内容の、ワンプレートランチ。よくそんなにやっていたなあと思うほど、きちんとしなくちゃと力が入っていたのです。

まあ、朝と昼はいいんです。同じメニューでまわせるので、なんとか乗り切れるんですが、夜のプレッシャーといったら。仕事後のヘトヘトなときに、メインのおかずと、その他にも副菜を考えて、冷蔵庫の在庫とも帳尻を合わせながら……短時間で夕食を完成させる。だなんて、この先ずっと続けられるのだろうか、と不安が襲ってくる。どうしよう、こんなのひとりじゃ無理だ。誰か助けてー！　と思っていたら、目の前にいるじゃないですか。毎食同じものを食べている夫に、助けを求めることにしたんです。

とりあえず、わたしが野菜をダダダッと包丁で切っていき、「これ炒めて〜」など、火入れのほうをお願いすることにしました。そのほうが、調理のメインっぽくて楽しいかな、って思ったからです。それからあれよあれよと、夫は料理を覚え、なんでも作ってくれるようになったのは、想定外、棚ぼたでした。知らなかったけど、もともと料理に興味があったみたいです（小学生の頃の調理実習が楽しかったらしい）。夫の独身時代にはいっさい聞いたことのない話でしたが、よかった〜。わたしもわたしで、無理なことはやはり長続きしないですからね。家事の答えはひとつじゃないってことを知ったのでした。何事もやってみなくちゃわからない。

無理なことは
やはり長続きしない

今宵も開店しました

ここは北陸。金沢の片隅で、毎晩開店しています。お品書きは季節の野菜が多めで、日替わりメニュー。日本酒の数は、豊富に取り揃えてあります。おつまみに合わせたお酒をお出しできますよ。

ぬか漬け

▷ ポテサラレシピはP133

はじまりの畑

初夏は絹さや、スナップえんどう、夏は枝豆にピーマン、秋は小豆、冬は里芋や生姜。わが家の畑（市民農園の）で一年を通して採れる代表選手はこんな感じです。畑を始めたきっかけは、義母の畑で採れるピチピチとした美味しい野菜に感動したから。ミニトマトなんか、煮詰めなくても生のままでトマトピューレのような味の濃さなんですよ。トマトに限らず、どんな野菜もシンプルにソテーして塩をパラリとしただけで、美味しい〜って、思わず言っちゃうくらい。野菜の味がちゃんとするんです。そのままが美味しいってなんて素晴らしいんだ、そのうえ、野菜を作った人の顔が見えるって、なんだかホッとするなあ、って思います。野菜を口に入れるたび、安心や幸せも身体に入ってきます。

食べることについて、調味料や加工食品への興味はもちろん、生命力溢れる野菜にも憧れはむくむくと。土や虫も苦手だったけど、勇気を出して、市民農園を借りることにしました。「安全で美味しい野菜を作るのだ。やる気だけは誰にも負けないぞ！」と、夫と始めた畑も今年で丸10年となりました。あれから10年か〜、少しずつ作れる野菜が増えただけでも、シンプルにうれしいことです。はじめは、安全で美味しい野菜を作って食べる、これだけが目的だったのに、想像以上のことが起きたからこそ、今まで畑をやめずに楽しんでいるのだと思います。想像以上というのは……、うまく野菜が育てられず、収穫がない、というガッカリな出来事だったのですが、畑を始めるときは考えてもみなかったことです。わたしの想像では、安全で美味しい野菜を育てて、収穫して、幸せになりました、はい終わり。チャンチャン、となるはずだったのですが、そんなわけにはいかなかった。

あんなに安全にこだわっていた野菜はほとんどが失敗に終わり、ほんの少し採れる野菜がどれだけうれしくて、感動したことか。素直にありがたいなあと、感謝を受け取ったのだと思います。握りしめていた安全はなんだったのでしょうね。まずは安全より先に感謝の気持ちを採らせてくれたのかも。食べるものに向き合えば向き合うほど、自分を豊かにしてくれる気がします。

握りしめていた安全は
なんだったの

ストウブに頼るピーマンの梅煮

ピーマンがいっぱいあったら、作りたくなるメニュー。ピーマンの苦みと梅干しの酸味が合うんです。ストウブに入れて蓋をしておけば、いつの間にかできています。優しい味の煮物です。

▷ ピーマンの梅煮レシピはP135

おろしだしたら止まらない

マイクロプレインのおろし器は、チーズおろしに使ったら見事なおろしパワーに驚きました。力がいらない！　わが家は、いろんな料理にチーズをおろしかけるのが好きなんですが、それが楽しいのなんのって。おろすのが快感すぎて。パスタに、カルパッチョに、ソテーした椎茸に。たっぷりかけたいので、お手頃なグラナパダーノというハードチーズを冷蔵庫に常備しています。

美味しい宇宙

わたしが会社勤めをしていた20代の頃、その会社で仲良くしてくれた子がいました。わたしより1歳か2歳くらい年上かな？　同僚ですが、同年代の友だちのような感じです。「一緒にお昼ご飯食べに行こう～」とか「休みの日に一緒に美術館行かへん？」って誘ってくれるんです。下町の洋食屋さんや昔ながらの食堂、こころがほっとするような食養生カフェ、雑貨屋さんなど、いろいろ連れて行ってもらったなあ。その当時めずらしかった、オーガニックコットンのお店も教えてくれて。食べものじゃないのに、なぜオーガニック⁉　と、不思議に思ったのを覚えています。見た目はおっとりした感じなのに、おしゃれなお店をよく知っているんです。彼女が「調味料はいいもの使ったほうがええで」となにげなく言っていたんですよね。その言葉がずっと頭から離れなくて。でもそのときは、ふーん、そうなんだ、くらいにしか思えませんでした。

ところが、ちょうど、食べものや調味料に意識が向きだしたとき、この言葉が再び息を吹き返したように、わたしの中へするりと入ってきました。ああ、そうか。食べるものが自分になっていくんだしね。そりゃそうだわ、と、いい調味料を使うことに、やっと納得できたのです。わたしが醤油だったら、簡易的に作られた安価な醤油になるより、昔ながらの製法で発酵させた風味豊かな醤油になりたい、そう思いました。ところが納得できたのはよかったのですが、その世界へ足を踏み入れると、今までの調味料よりも値段も〝いいお値段〟で。若かったし、ひーって思いながら、最初は買っていました。醤油を買っても、今日食べるものが買えなかったら、意味ないじゃん、と挫折した時期もあります。それでもまた買いたくなるのは、シンプルに美味しいと思えるからなんでしょうね。

たとえばごま油なんかも、香りの豊かさが違うし、油なのにサラッとしているな〜とか。料理だってシンプルに簡単に作れるほうが、いいに決まっています。いろいろと味を足して飾り付けなくても、十分に美味しいってわかったのです。〝野菜＋調味料〟たったこれだけでも、わたしにとっての満たされる味。自分がこころから美味しいと思えることの安心感。安心は得るものじゃなかったんだ、自分がこころから安心と思えるかどうかなんだ。わたしにとって、これが本当の安心の食べものだったというわけです。

味わうことを教えてくれた

ときどき銘柄を変えたりするけど、
わが家の調味料の定番たちです。
スーパーで買ったり、ネットで取り寄せたり。

ウスターソース … トリイソース
香辛胡麻辣油 … 九鬼産業
うすくち仕立てじょうゆ 井上こはく … 井上醤油店
三州三河みりん … 角谷文治郎商店
老梅 有機純米酢 … 河原酢造
天然醸造こいくち醤油 … 正金醤油
オイスターソース … メガシェフ
有機バルサミコ・ビネガー … アルチェネロ
白ワインビネガー … ペルシュロン

ないものは自家製で

ある日、スーパーから大好きなパンチェッタ（豚バラの熟成加工肉）が消えました。売り切れかな？　と思っていたけれど、入荷されなかったので、それならば家で作ろうじゃないかと、ふるいたつ。塩と砂糖をまぶし冷蔵庫で熟成させます。その後は冷凍保存。塩豚っぽいけど、これはこれで美味しい。パスタやポテサラに使います。

わたしは味がわからない

〝味わう〟って言葉が好きです。食べることに、じっくりと向き合っている感じがします。家で漬けたぬか漬けを「ちょっと塩味がうすくなってきたかな、酸味も出てきたなあ」と、確認もかねて味わったり。お店で食べる最高の一品、「真っ赤なビーツとアメリカンチェリーを合わせたソースだなんて、ブラボー！」と夢中で美味しさを味わったり。今、この瞬間を味わっているのだと思うんです。どんな味がするのか、ただ舌や鼻で感じたままのこと、それそれがいいんですよねえ。が〝味〟だと思うのです。

ところがわたしは〝味がわからない〟と思い込んでいたときがあります。それは、わからないんじゃなくて、自信がなかっただけ、なのでした。特に味見というのが苦手で、「この味どう？」って聞かれても、え！　と、うろたえてしまう。普通に美味しいけど、もしかして美味しくないからこの味どうって聞かれているの？　と不安になるほどです。自分の感覚を信じられなくて、人に言うのが怖かった、というのが正直なところ。間違ったらゲームオーバーとでも思っていたのか……。間違いも正解もなかった、というのに気づいたのは、自分の食べるものについて意識しだしてからなんです。友人におすすめの調味料をあれこれ聞いたり、自然食品店で良さそうな調味料を探したり。そうやって選んだ調味料は、なんとなく選んでいたときには考えなかった、どんな味がするんだろうという好奇心がわいてきます。何ごとも気持ちの向けようなのかもしれませんね。

醤油、みりん、お酢、お酒など、わが家の定番を決めたくて、いろいろなメーカーの調味料を試してみました。「この醤油はガツンと力強いなあ」「このみりんはこのまま飲めそうなほど美味しい」など、ただ感じるままに味わいます。出来上がった料理の味と違い、調味料そのものだと味わいがわかりやすいんですよねえ。それが良かったのか、味がわからない、と思っていた苦手意識は自然と消えていきました。そうか、味わうことに間違いなんて存在しなかったのだなあ。人と味の感覚が違っていても問題なし。わたしはこう感じた、それでOKだったのです。ごちゃごちゃと難しく考えすぎていたことも、ただ自分の感じたままで良かっただなんて。それは人生も同じなのだろうな。ただ感じるままに味わって、自分の人生を生き尽くしたいものです。正解も間違いもないんだから。

間違ったらゲームオーバー

美味しく暮らす

アケボノライト（日本酒）、ほんとにライト～
このラベルが可愛い。猫がパソコンしてんの？
イラストの猫、うちの猫に似てるな。
煮物と合うね。あ～揚げさん、しゅんでるわーー

日々の疲れは、晩酌で癒す。毎夜の楽しみがあるから、また明日も頑張ろうって思えます。美味しいおかずとお酒を飲みつつ、なんでもない会話で盛り上がれることに感謝。ちなみに晩酌時間は長いです。3時間くらい……。ずっとしゃべってます。

飛騨春慶《しゅんけい》塗《ぬり》の
銘々《めいめい》皿を取り皿に愛用。
ツヤッとしていて
料理が映える！

hibi hibi 家の
本日のお品書き

- いんげんと揚げさんの煮物
- 甘海老の塩焼き
- キムチたまご
- ピーマンの梅煮
- 厚揚げネギ味噌
- 金時草《きんじそう》おろしポン酢

レシピ

▷▷ **甘海老の塩焼き・キムチたまご　P134**

▷▷ **ピーマンの梅煮・厚揚げネギ味噌　P135**

晩酌人生

1に晩酌、2に晩酌、3、4がなくて、5に晩酌。というくらい、毎日の晩酌はわたしにとって、いや、わが家にとって、欠かせないことです。日が暮れてくると、そわそわ。仕事を切り上げて、食卓に明かりを灯します。まずは、気分を切り替えるために、愛用のBOSEの小さなスピーカーから本日のクラシック音楽をオン。これで、一気にリラックスモードへ。北欧アンティークの丸いテーブルには、酒瓶をおく丸盆、お猪口《ちょこ》と漆器のお盆、錫《すず》のちろり、お箸、取り皿などを準備します。どれもお気に入りのものばかりなので、このアイテムが全員集合する景色に毎晩うっとり。お酒をこころから味わい尽くすための準備なのです。わたしは味がわからない、と思っていたのに、毎晩お酒の味を楽しむようになったのは、ワインがきっかけでした。10年ほど前、チーズにハマっていたので、美味しいワインと合わせたいと思ったのがスタートです。その後、いろいろなお酒の道を歩んでいきます。ワインに始まり→ウイスキー→カクテル→焼酎→日本酒、と楽しんできたわけですが、どのお酒もそれぞれにいいんですよねえ。その中でも、日本酒はどんな料理にでも合うので、おかずの準備がとても気軽。和食はもちろん、洋食、中華、スパイスカレーにだって、なーんにでも合わせられちゃうんです。そこで大切なのは、お猪口選びです。和食ならガラスでも陶器でも磁器でもいいのですが、洋食やスパイスカレーなら、ガラスの器がいいでしょう。気分もなるべく料理のジャンルに寄せていきます。気持ちが大事なんですから。

さて、晩酌スタートは、夫婦でお猪口をかかげて「おつかれさまです、かんぱーい、いただきます」で始まります。なぜこうなったかは思い出せませんが、このフレーズがわが家の乾杯の合図なんです。まず、一口めを口に入れた瞬間、今日のわたしが生き返ります。あ〜生きてて良かった。そう思うんです。大げさじゃなく、本気ですよ。本日のおつまみを見渡し、冷蔵庫に常備している日本酒3〜4本の中から、おつまみに合いそうな日本酒をセレクトするのは夫の係。たとえば、おつまみ蒲焼《かばや》きうなぎには、どっしり旨口《うまくち》系で、味わいのボリューム（タレ系の濃い味×旨口）など。マリアージュして、お口の中で、ビンゴ！　となると、うおお、と歓声が上がります。毎夜、こんな感じで盛り上がるｈｉｂｉｈｉｂｉ家です。

熱々でいきましょう♨

日本酒の燗酒は、一口め、ほ〜っとお口が「ほ」の字になってしまいます。優しい温度も好きだけど、熱々の燗酒がいちばん好きです。燗酒はいわば日本酒を即席で熟成させてるみたいなものらしく（酒屋さん談）、なるほど、確かに熟成酒と雰囲気が似てくる（そんなような味なんです！）。燗酒のお気に入りは、新潟県の雪中梅《せっちゅうばい》という銘柄。甘〜くて、ときめきました。

涙が出るほど日本酒が好き

酒器は、お酒をさらに美味しくしてくれます。今ハマっているのはガラスのお猪口で、廣島《ひろしま》晴弥《はるや》さんの作品と、うすはりのものメインで飲んでいます。何がいいかって、お酒の色やチリチリ感（微発泡）が見えるのがいいんです。思う存分鑑賞できます。わが家では冬になると燗酒を楽しむのですが、輪島塗の平杯タイプが好きです。林沙也加さんの白い磁器の器は茶器ですが、お猪口にもいけると思って。磁器はお酒の味が一番変わらずに飲めるそうですよ。

「車坂《くるまざか》」山廃純米酒 ... 輪島塗
「仙禽《せんきん》」無垢 ... クリスタルショットグラス / 廣島晴弥
「立山《たてやま》」特別純米 ... 磁器 / 林沙也加
「AKEBONO LIGHT」純米酒 ... うすはり / 松徳硝子

どれくらいお酒を飲みますか

はい。この質問、たまに聞かれますが、きっと多くの人が思っているのだろうと思います。わたしも、人様《ひとさま》がどのくらいの量をたしなまれているのか、気になるところです。わが家は日本酒ならば、2人で3合ほど。なので、1人1・5合（270㎖）ということになりますよねえ。ワインは、ボトルを開けた日に飲みきります。2人で1本（750㎖）は、食事にちょうどいい感じの量だし、コースを食べるようなお店なら迷わずボトルで注文します。ボトルで頼むと、グラスからワインがなくなったと同時に、お店の方がつぎに来てくれるのもいいんですよね。焼酎やウイスキーはロックで、夏なら炭酸で割ることも多いかなあ。

気をつけなければ、と思うのは、やはり日本酒でしょう。料理に合わせやすい、ということはお酒もすすむんですよね。わが家で、最もお酒が進んだ料理・第1位は「自家製の焼豚」で間違いありません。醬油、オイスターソース、紹興酒、ごま油、砂糖、ニンニクのつけ汁に、豚肉を一晩ほど漬け込んでおきます。それを魚焼きグリルで焼くだけ、とても簡単。魚焼きグリルで焼くことで、ほどよく豚の脂が落ち、タレは香ばしさを増し、お肉はジューシーなんです。これが美味しいのなんのって、そして日本酒がグイグイ進みます。栃木県の銘酒「仙禽」の初槽《はつぶね》・直汲《じかぐ》み・中取《なかど》りの一升瓶が、2人で一晩のうちに空いてしまったんですから。一升瓶を空けたのは、この1回きりですよ。もうベロベロもいいところ、けれども台所は完璧に片付けて、お風呂も入って、寝ていたようです。翌日、スマホの写真を見ると、空の一升瓶と共に、楽しそうに笑っている夫とわたしの写真が。エー！　覚えてない。2人で自撮りなんて、ほとんどしたことがないのに、と大爆笑してしまいました。危険なので、焼豚はあのとき以来、封印しているのですが、そろそろ食べようかな。少しドキドキしますが、美味しいんですよねえ。

40代になり、これから先も食とお酒を味わいたいとますます思います。それには細く長く楽しむのがいいのかなあと、少しずつお酒の量を減らしていくのもありかも、と考えています。なんといってもお酒はわたしの生きがいですから。

hibi hibi 家のレシピ

《1》

ブルーチーズのブルスケッタ

材料　8切れ
バゲット8切れ、ブルーチーズ、玉ねぎ1/8個、ケチャップ、オリーブオイル

作りかた
❶バゲットは5㎜ほどに斜め切りにし、アルミホイルの上に並べる。
❷すべてのバゲットに、オリーブオイル大さじ1をまわしかけ、ケチャップ少々をぬる。
❸玉ねぎスライス、ブルーチーズ（お好きな量）をのせて、最後にオリーブオイル大さじ1をすべてにかける。
❹トースターに入れ、5〜6分で出来上がり。

memo
窯焼きパスコ 国産小麦のミニバゲットで作ることが多いです。気軽なワインおつまみ！

Vin de la bocchi
Bocchi Rouge
WINE

hibi hibi 家の
レシピ

《2》

大七酒造
大七・純米生酛《きもと》
SAKE

材料　2人分
じゃがいも2個、きゅうりのぬか漬け1/2本、ロースハム1枚、マヨネーズ、ブイヨン

作りかた
❶じゃがいもは皮をむき、小鍋に入れ、水をひたひたに注ぎ、ブイヨンを小さじ1/2入れ、15〜20分ほどゆでる。
❷ゆでたじゃがいもをつぶし、薄切りにしたぬか漬けきゅうり（軽く水気を絞る）と、短冊に切ったロースハムを入れ、マヨネーズ大さじ1〜2で和える。
❸仕上げに、じゃがいもをゆでたブイヨンスープを少しずつ加え、じゃがいもをなめらかにする。

memo
オーサワの野菜ブイヨンを使っています。残ったスープは牛乳を足して、ポタージュ風にすることも（ちょっとむせます）。

ぬか漬けの
ポテサラ

《3》

甘海老の塩焼き

材料　2人分
甘海老4〜6尾、塩少々

❶甘海老に塩をふる（甘海老の長いヒゲは取る）。
❷殻がカリッとなるまで、フライパンで両面を焼く。

《4》

キムチたまご

材料　2人分
ゆで卵1個、キムチ

❶ゆで卵を作って、2つに切る。
❷キムチを添え、黒胡椒をかける。お好みでごま油をかけてもOK。

《5》

ピーマンの梅煮

材料　2人分
ピーマン8個、すっぱい梅干し1個、いしり（魚醤。なければ醤油かナンプラー）、酒、みりん

❶ピーマンは縦に4〜6つ切りにし、梅干しはたたいておく。
❷鍋に水1カップ、いしり大さじ1、酒大さじ1.5、みりん大さじ1.5を入れ、沸騰したら、ピーマンと梅干しを入れ、蓋をして10〜15分。くったりとしたらでき上がり。

《6》

厚揚げネギ味噌

材料　2人分
厚揚げ1枚、細ネギ1本、甘辛い味噌、みりん

❶厚揚げをこんがりと焼き、食べやすい大きさに切る。
❷味噌大さじ2を、みりん大さじ1〜2でゆるめて、フライパンであたためる。
❸❷に小口切りのネギを加え、厚揚げにかける。

てくてく金沢さんぽ

わたしの住む金沢は、山もあり海もあり。大きな川は2つ。犀《さい》川と浅野川が悠々と流れています。その間に金沢の中心街があって、街中にも緑が溢れ、いいところです。と、いきなり金沢さんぽスタートします！

W坂の階段

ジグザグした坂の階段を上がると、犀川と金沢の街が眺められます（上の写真）。犀川大橋も見える！

あれもこれも
暮らしに
馴染みそう

pin 01

贈りものを選ぶしあわせ

好日《こうじつ》用品店

お店の名前から、良いものに出合えそうな予感がします。贈りものをテーマにセレクトされた素敵なアイテムたちは眺めているだけでもしあわせ。わたしがお店のことを教えてもらったのも、友人からの器の贈りものがきっかけでした。素敵に、器も想いも包まれていて、こころがあたたかくなったのが忘れられない。ご主人がガラス作家さんで、その器類が見られるのもいいんです！　ちなみに、お店がある本多町コーポという建物も可愛い。

廣島晴弥さんのグラスがずらり。わが家でも愛用しているガラスのお猪口はここで買いました。

ガラスの美しさを堪能できます。

かごがブラブラ
いい眺めだなあ

shop info

石川県金沢市本多町 1-5-5 本多町コーポ105　☎076-255-6998
営業時間 11:00〜18:00
定休日 火・水曜日
kojitsu_yohinten

うふふ♩

レジの上にヒラヒラ〜、漢字の美しさよ。

中庭の緑を眺めて、ぼーっとする時間がいい。

落ち着く空間で台湾ランチ

pin 02

四知堂《スーチータン》

KANAZAWA

外観からは、いい意味で裏切られる空間。金沢の古い町屋（もと油屋さん）に敬意をはらいつつモダンに改装していて、落ち着くんですよねえ。そして台湾料理！ わたしが好きなのは、ダントツ台湾粥。胃に優しい、けれども、魚介の旨味たっぷりの満足感。トウファも美味です。屋台席メニューは夕方ちょっと前まで営業しているので、ランチが少し遅くなっちゃった、というときでもゆっくり食べることができるんです。モーレツ通ってます。

豆花《トウファ》

魯肉飯《ルーローファン》

台湾粥

ランチでも
この
しっとり感

夕食のコースも美味しいんです
シェリー酒、紹興酒、ワイン
どれも合う〜

shop info

石川県金沢市尾張町 2-11-24
☎076-254-5505
営業時間　平日　9:00-15:00
　　　　　土日祝　8:00-16:00
　木・金・土・日 18:00-22:30
定休日 水曜日
tua_kanazawa

バイヤーの情熱に合掌

pin 03 カジマート長坂店

わが家からもほど近い、大好きなスーパー。今日はもう疲れた〜なんて夕方も、カジマートさんへ行けば、美味しいものに出合えること間違いなし。元気になります。地元の食材はもちろん、全国の良いものが、ずらりと美しく陳列されているんです。わたしのお気に入りは、冷凍むきエビ（大振りぷりぷり）、中石食品工業の焼きそば、南部どりの砂肝（精肉です）など。たまに知り合いとバッタリ！なんてこともあって、あなたもカジさん？　と、ウフフとうれしくなります。

麺などのコーナー。新商品が入っていると、ついつい買ってしまう。どんな味なのか確認せねば！

加賀野菜の金時草。サッとゆでて、おひたしに。

いい食材でカゴの中が渋滞。

エスカレーターで上がっていざ店内へ♪

うろうろスーパー探検隊

shop info

石川県金沢市長坂 2-24-7
☎076-256-3857
営業時間 9:30〜21:00
kajimart_nagasaka

わたしのオアシス

pin 04

酒千庵《しゅせんあん》 水上《みずかみ》

喉の渇きも、心の渇きをも潤してくれるわたしのオアシス、水上さん。金沢の日本酒好きの人なら、知らない人はいないはず、な、お店です。ここで日本酒を選ぶ時間がしあわせなんです。それになんてったって、水上さんご夫婦のお人柄が最高。いつでも明るくハキハキと、おすすめのお酒をわかりやすく教えてくれます。そのトークのノリがわたしはツボで。「トークうますぎ〜」と、いつもこころの中で拍手喝采しています。

日本中の美酒が大集合。ここを何周もぐるぐるします。

いらっしゃいませ〜

shop info

石川県金沢市神谷内町ハ 75-6
☎076-251-0544
営業時間 10:00〜19:00
定休日 水曜日
http://sake-mizukami.cocolog-nifty.com/

いしかわ四高《しこう》記念公園

大きな木と原っぱ、レンガの建物がいい雰囲気です。

てくてく

pin 05

身につけたいものばかり

生活雑貨 LINE

木漏れ日がやさしい

着心地のいい洋服、繊細なアクセサリー、上質なカバン、などなど。どれも身につけたくなる良いものばかり。ウールのセーターもここで買いました。冬中、大活躍です。お店は2階にあって、その大きな窓からの景色は、LINEさんの空気感とピタリとハマっているんですよねえ。自然とこころがスーッと静かになります。あ～見れば見るほど、良いものだらけ。大切に使いたいって気持ちを運んできてくれるなあ。

大きな窓が開放的で揺れる緑が心地いい。ゆっくりじっくりお買い物する贅沢な時間。

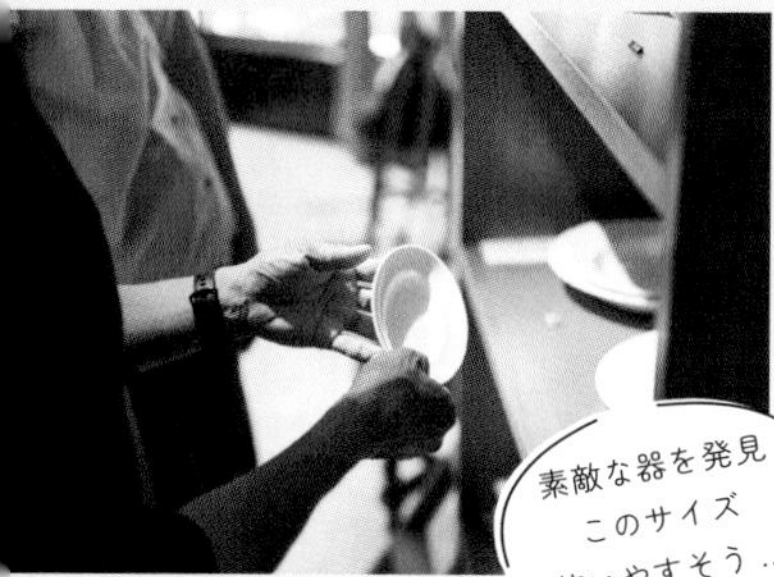

素敵な器を発見
このサイズ
使いやすそう…

お店はいしかわ四高記念公園の向かい側にあり。 てくてく

shop info

石川県金沢市広坂 1-1-50 ステアーズイン広坂2階　☎076-231-1135
営業時間 11:00～18:00
定休日 火・水曜日
zakkayaline

犀川沿いでのんびりフィーカ

pin 06

北欧雑貨&カフェ KUPPI

お店に入るやいなや、シナモン？ スパイスや珈琲のいい香りに包まれます。窓からは犀川が見えて、静かにのんびりとお茶「フィーカ」できるんです。そう、ここは北欧カフェ。フィーカとは珈琲と甘いもので休憩する時間。そんな空気がKUPPIさんには流れているんですよね。北欧のヴィンテージ雑貨もセレクトが素敵なんです！ 実はKUPPIさん、わたしが金沢に住み始めて、はじめて友達になったご夫婦。たまにカジマートさんでばったり会って、話が止まらなくなります。

シナモンロールが絶品！

\ 看板犬 /

美しいカフェラテにニンマリ♩

shop info

石川県金沢市野町 1-1-5 パレス桜通り1階　☎076-241-3043
営業時間 12:00〜17:30
定休日 水曜日
cafe_kuppi

大好きなクラシック音楽を聴きに
金沢駅すぐそばの音楽堂へ。

石川県立音楽堂

てくてく

pin 07

シェフは馳走する 季節料理と炭火焼き Meal

尾山神社の隣の可愛い建物

日本酒の会で行ったのが始まり。それからハマって何度もその会に通っています。Mealさんのお料理は、イキイキと生きる喜びみたいなものを、思い出させてくれるんですよねえ。それは、他ならぬ、シェフ自らが食材をとりにいっているから。魚、お肉、きのこ、山菜、まさしく馳走して、美味しいものを作る。いのちあるものを、自身でいのちを絶っている。だから、そこにいのちある料理が生まれるのかなあって、酔っ払いの戯言《ざれごと》ですが。いつもいい気分になって夜の尾山神社を眺めつつ帰路につきます。

鹿肉（シェフがとった）と放牧豚の炭火焼き。かめばかむほどお肉の味がお口に広がる～。

shop info

石川県金沢市尾山町 12-16
☎076-255-6949
営業時間 11:30～15:00
18:00～21:30
定休日 日・月曜日
meal_h31

シェフの狩猟の話がおもしろいヨ

〆のおにぎり出汁茶漬け

岩牡蠣 ココナッツ 桃！

両手を合わせていただきます、の後、わが家ではすぐには食べ始めません。え、じゃあ何をしているのかというと、食べ物をいただけるということの豊かさに感謝して、両手を合わせたままの状態でいます。神社でお参りするときみたいな感じです。時間にすると30秒ほどですが、毎食必ず。かれこれ7〜8年ほど続けているんですが、こんなことする人はそうそういないと思うので、続けていたらどうなったか、の結果を今ここで発表します！　なんと、食べ物に毎日感謝していると、ますます豊かな食卓になっていったのです。これは本当に、本当です。ありがたいことに、今まで飢えた思い出はほとんどありませんが、食べ物に感謝を毎食伝えていると、美味しいものをいただくことが増えたり、買えるようになったり。たとえば、7〜8年前は買わなかった、本わさびも予算のうちだと買えるようになり、そうなると、地物の新鮮なお刺身が最高に美味しく食べられる

いただきます、の後に

んです。大豆の味がしっかり感じられる豆腐なんかにも、本わさと塩をつけるだけでシンプルに美味しい〜ってなります。どんな食べ物でも、最大限に美味しく食べる、これが自分にとっての豊かな食卓だってことに気づけたのです。食にかけるお金はちょっと増えたのかもしれませんが、こころから楽しいことに使っているから、いいんです。それを日々積み重ねていると、さらに楽しくて美味しい毎日がやってくるんですから。ちなみに、いただきます、の後の、食への感謝はもともと夫がやっていた習慣でした。すぐにご飯を食べないので不思議に思って聞くと「食べ物に感謝している」って。なにその面白そうなことー！　と、わたしもやり始めました。お腹がペコペコだと、つい、わーって食べ始めちゃうんですが、ちょっとこころを落ち着けて。食べられることに感謝しつつ、本日もいただきます。

（　いただきます、の後に　）

ご先祖さま、ゆかりのみなさま、あらゆる全部のことのおかげで、

今食べられているってことに感謝します。野菜でも生き物でも、

いのちをいただいてそれが自分のいのちになることにありがとうって、思っています。

4章　こころと身体の解放

人生をスムーズに動かすために、こころと身体をリリース。

人と比べるな人生ゲーム

わたしの1日は、朝家事ルーティンから始まり、日中はその日によっていろいろ、しめくくりはほんの少しの夜家事でフィニッシュ、というのがお決まりのパターンです。このパターンが定着しだしてよかったことは2つあって、1つは家の〝キレイ〟を保てていること（最低限のです）、もう1つは、頭の中がスッキリとしたことなんです。「ほうきでササッと床掃除するだけで、自分の頭の中が掃除されたように落ち着くなあ」という具合に。暮らしが整うごとに、自分の頭の中も整っていったんです。暮らしをよくしたいという想いで整えていたのですが、毎日の家事ルーティンを続けるうちに、気分は穏やかで落ち着いているときが多くなり、家をきれいにしているということが、こんなにも頭の中をクリアにしてくれるのだなあと実感しました。

そうすると、わたしはこれだけで人生やっていけるかも、なんて、変な自信がわいてくるようになったんです。自分で自分を心地よくできると、お腹の中がポワ〜ンとあたたかくなるような安心感があって。毎日いろんなことが起こるけど、そのひとつひとつに過剰に反応したり、落ち込んだりすることが少なくなりました。自分の中が安心だと、トゲトゲした気持ちも落ち着くのかも、なんて。おかげで、わたしが特に振り回されていた、「自分と人を比べてしまってしんどくなる」という癖《くせ》からも解放されました。頭の中がスッキリしていると、物事を冷静になって見ることができるようになり、自分と人、その間には境界線があるってことに気づいたからです。つまり〝人は人、自分は自分の生きかたがある〟ってこと。自分と人との間に、きっちりと線を引くことが大切なんです。

たとえば、わたしが人と比べてしまうことの筆頭は、とても素晴らしい志を持って人生を生きている人を見たとき。共感し感動もするのですが、と同時に、自分と比べてしまうんです。わたしはなんて将来の展望もなく生きているんだろうって。自分なんて、という感情がわいてくるんですよね。ところが、境界線を感じだしてからは、わたしはわたしの人生を必死で生きたらいいだけなのかも、と思うようになったんです。人生ゲームのように、自分なりの人生を歩んで行け！　という感じです。素晴らしい人と自分を比べてしまうのは当たり前。そこでは相手に拍手喝采《かっさい》をして、その素晴らしさだけをわたしの中にいただこうって思っています。

きっちりと
線を引くことが大切

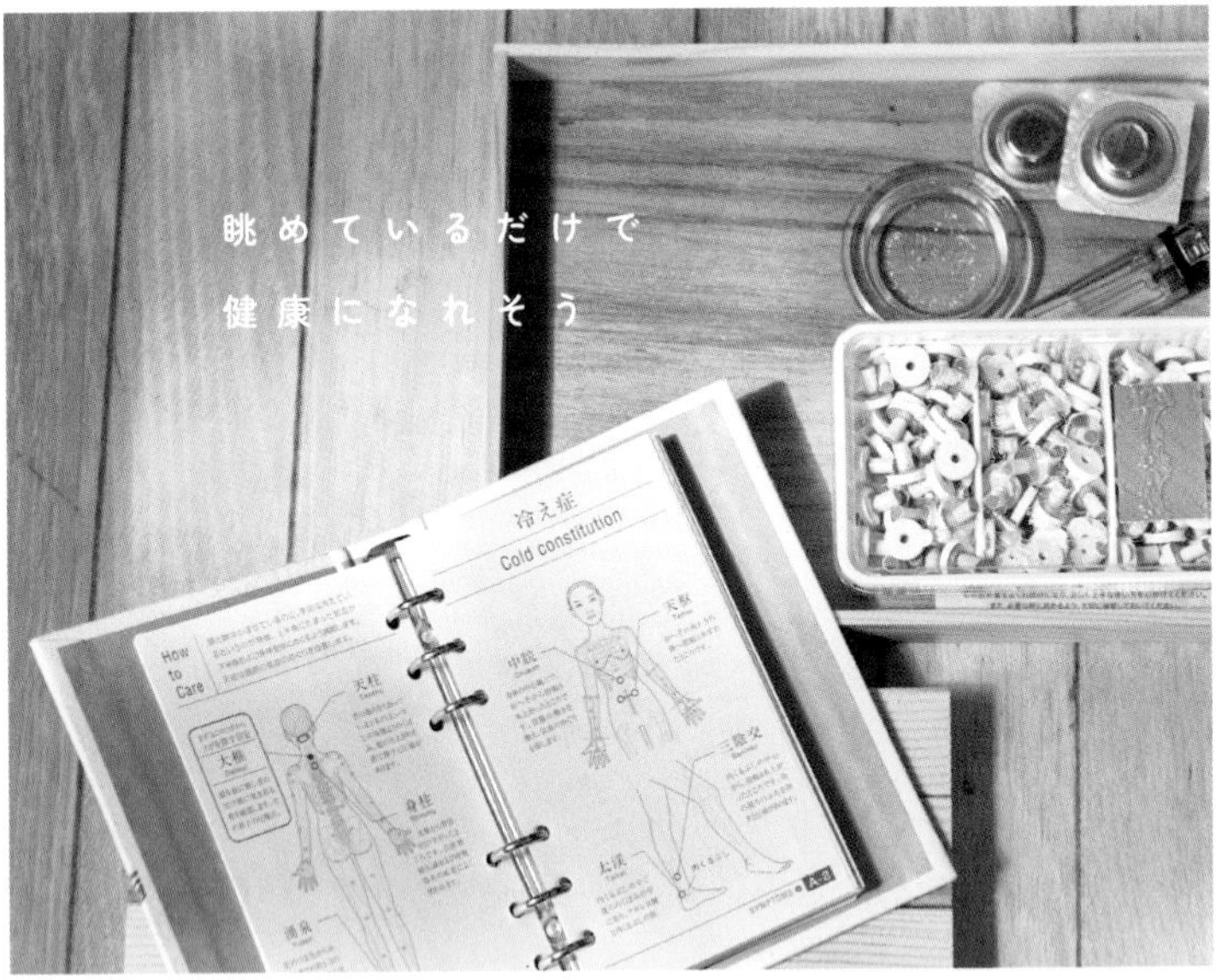

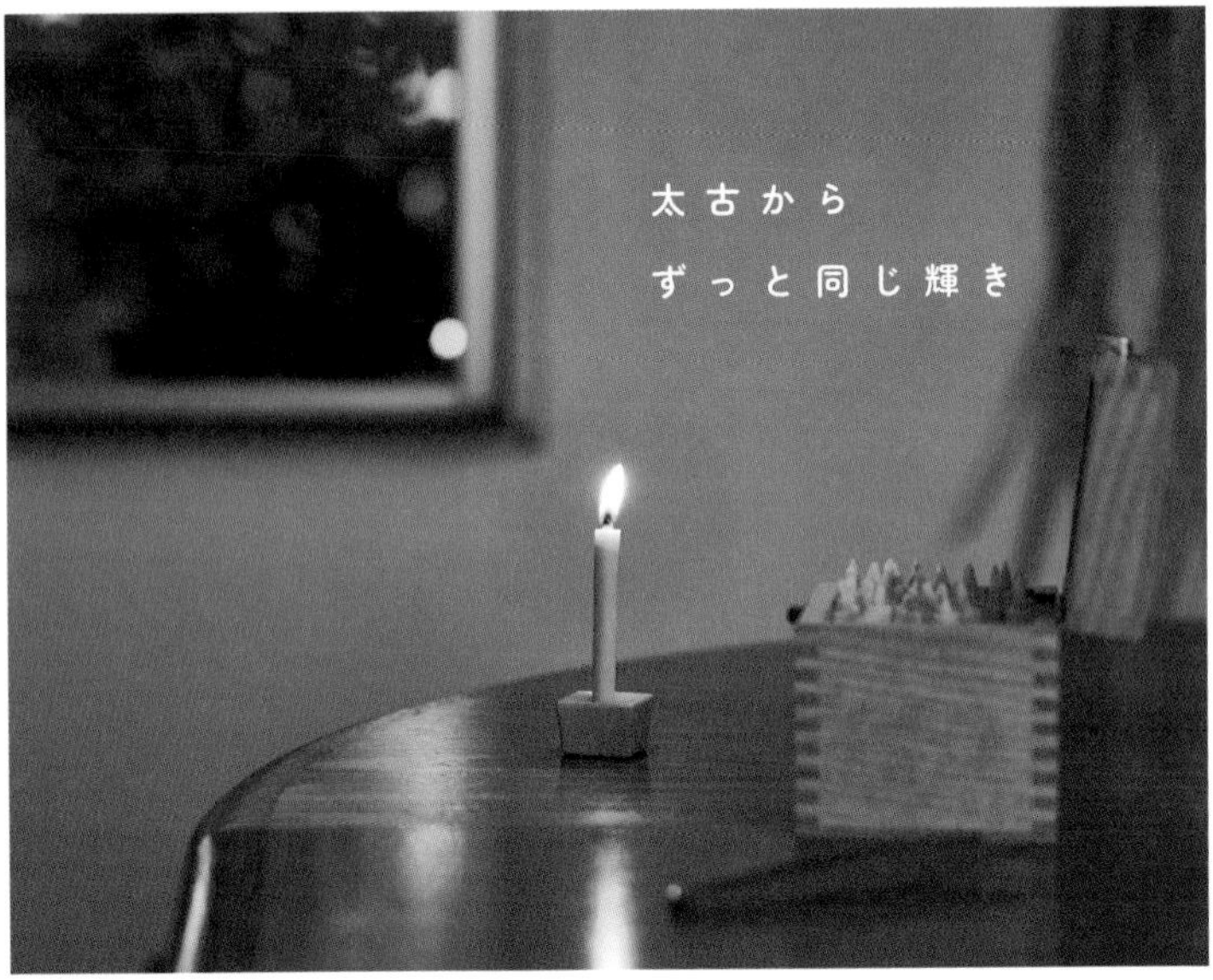

身体をいたわる時間

❶お灸生活しています。お灸グッズは木箱にまとめて。ツボブック片手に、次はどこをお灸しようかな。❷目が疲れたときは、和ろうそくの炎を眺めてリラックスします。頭の中が静かになるひととき。

1
2

自然の力に頼ってみる

健康を運んでくるお茶

桑葉茶を毎日飲んでいます。クセのない味で、どれだけでも飲めてしまう。桑の葉っぱのお茶なんですが、糖分の吸収を抑えてくれるという、ありがたいお茶。こんなの是が非でも飲むしかないでしょう。こんなささやかなことですが、健康になろうって気持ちが大切。それをきっと楽しんでいるんだと思います。

身体をほどいて こころもほどく

わたしは大の温泉好きで、車で15分ほどのところにある温泉施設へ月に3〜4回は通っています。山のほうにあるので、道中のドライブも楽しみのひとつなのです。山の色は季節ごとに美しさが違うし、道のそばを流れる川や田んぼには、アオサギがたたずんでいることもあり、動物ウォッチングもワクワクします。たまにイノシシの家族が車の前を横断してびっくり、なんてこともあったり。とにかく自然豊かなところで、こころからリラックスできるんです。

温泉では、ひろーい露天風呂にゆったりと身体をしずめて、とにかくボーッとします。お湯に浸《つ》かりながら、空を眺め、鳥や虫の声に耳をすます時間が頭をからっぽにしてくれるんですよね。そのときわたしは〝無〟なんです。このひとときが、こころと身体をリセットしてくれます。わたしにとって本当に大切な時間。温泉に浸かっていると、小さな悩みくらいなら、どうでもよくなっていきます。身体の力が抜けて心地いいと、なんだかモヤモヤが減って調子がいい。

身体をゆるめるっていいものだなあ〜と、この気分を日常の中にもほんの少し取り入れています。たとえば、「夜、布団に入ったとき、全身の力を抜いてお疲れリリース。ああ極楽」「朝、洗面所で身支度をしているとき、変な姿勢になっていないかな、と気をつける」「仕事中、パソコンに向かっているとき、身体の一部分だけ（肩や腰）に体重がかかっていないか、歯を食いしばっていないか」など。

生きていると、知らず知らずのうちに、身体に力が入ってしまっているんですよね。寝ているときでさえも。これはもうしょうがない。なので、身体に変な力が入っていないかを思い出す習慣なのですが、するのとしないのとじゃ全然違ってきます。なんてったって、ひどい肩こりは激減したし、寝つきもよくなったんですから。何ごともちょっとずつ、ちょっとずつ。それが重なっていくのが好きなんです。身体がほぐれると、こころもほぐれて気分がいい。自分の気持ちが快適だと、人生がスムーズに動くような気がします。

小さな悩みくらいなら
どうでもよくなって

裏テーマを持ち続ける

突然ですが、人間の裏面ってなぜだか魅惑を感じてしまいます。カセットテープのA面B面のように、人にだって表裏があっていいんじゃないかって思うんです。両面あるって、ワクワクしませんか？　表の顔、裏の顔があるからこそ、人間って深みが出るのかなあ、なんて思ったりします。裏で悪いことしているって意味じゃないですよ。ちなみに、人の裏面でこころに残っている思い出があります。

わたしは親が転勤族だったため、子どもの頃は引っ越しが多くて……、学校がそれほど得意ではなかったんです。そんなわけで、長い休みの夏休みが特別にうれしかったのですが、その終わりが近づいてくると気分がズーンと沈みに沈んでいました。その気持ちを中学生のとき、夏休みの日記に「学校が始まるのがつらい」と書き、提出したことがあります。担任はわりと厳しい先生だったので、活《かつ》を入れられるかもね、なんて思っていたら、日記の先生のコメントは「先生も学校が始まるのしんどいよ」って。あれ、先生もそんなこと思うんだ!?　って、裏面を見せてくれたようで、それが無性《むしょう》にうれしかった。学校も先生も苦手だったけど、本音で話してくれた先生は、今でも顔を覚えています。子どもって本物にしか反応できないですもんね。ふだんは表面で生きているけど、たまに裏面を見せるって、なんかいいなあって思います。

hibihibiの裏テーマ

そんな裏面ネタですが、わたしは、ＹｏｕＴｕｂｅというメディアで発信を楽しむときに、少し意識していることがあって。それは、裏テーマを持つということなんです。この話は『わたしの中の自然に目覚めて生きるのです』（服部みれい著／筑摩書房）という本で読み、実践していることなのでした。〝自分のメディアをつくろう〟というページで、表現するさいに知っておくと良いこと、の中のひとつに、〝裏テーマを持つ〟という項目があったからです。なぜか、裏テーマというのがわたしのこころに刺さって。ＹｏｕＴｕｂｅ「ｈｉｂｉｈｉｂｉ」を始めようと思ったときに、これだ！　と、裏テーマを決めました。ｈｉｂｉｈｉｂｉの裏テーマ、なんだと思います？　いや、バレているか。はい、そうです。わたしが暮らしている中で体験して、こころが豊かになったことを、ＹｏｕＴｕｂｅを見てくれる人にシェアしたい、そう思って「こころの持ちよう」を忍ばせているんです。それが伝わるか伝わらないかは、わたしの力量次第（笑）。みなさん、いつも見てくれて本当にありがとうございます。

こころの渇きがツライ

ダメだ、こころが渇いている……ってとき、ありませんか？人生いろいろ、ありますよね。「あ〜、仕事が重なってキャパオーバーになってきたぞ、間に合わないかも（ドキドキ）」「車が故障して、部品代10万円必要だって（キツー）」とか。生きていると、自分の思いどおりのことばかりじゃないので、それが原因でキツくなってくるんですよね。どうしようどうしよう、と不安が波のように押し寄せてきます。そうして、しだいにこころの元気がなくなっていくのでした。まるで、干上がったダムのように、水が、潤いが足りてません〜って状態です。

そんなとき、みなさんはどうしますか？　わたしはというと、ここぞとばかりに近所の温泉へ行く、あてどもなく車で出かける、パティスリーの美しいケーキを食べる（お店でケーキの陳列を眺めているだけでも幸せ）、猫を褒《ほ》めまくる、などでしょうか。結局、自分の潤いは自分でしか、満たしてあげられないですもんね。ところで、なぜ、こんなにもこころが渇くのだろうか、と考えてみました。なんせ、渇いているときって、キツイですから。考えても考えてもわからなかったのですが、あるとき、畑でふと気づいたのです。ニンニクを収穫していた初夏のこと。爽やかな気候のもと、そろそろ収穫時期だろうと、畑で育てたニンニクを小さなスコップで掘り起こします。しかし、100株以上植えたニンニクですが、採れたのは、ちっちゃ〜いニンニクばかり。こんなはずじゃなかった、もっと大きくて立派なニンニクが採れるはずだったのに、と。忙しい最中《さなか》、必死で植えたニンニクだったのに、一体なんだったんだろうと……、さらにスコップで掘り起こす腕は疲れてくるし、悲しくて悔しくてたまらなくなってしまいました。「あ〜あ、なんで、こんなことしているんだろう」って、ふと空を見上げたときです。初夏の青空が広がっていて、わたしは美しい空に包まれていたことにハッとしたのと同時に、自分が悲しくなっていることが、ちっぽけに思えたんです。な〜んだ、と。「うまくいかないところに目を向けすぎていたのね」ってことでした。わたしにとっての、こころの渇きのもとがわかったのです。畑でニンニクを育てられていることだけでも、じゅうぶんに素晴らしいじゃない。今あるものをじゅうぶんに感じることで、こころを満たすことができるってわかったのです。畑にモーレツ感謝した日でした。

考えても考えても
わからなかった

椿オイルでヘアケア

桜島の椿オイルを朝の身支度のときに使っています。瓶のラベルも可愛い。鹿児島旅で買ったお気に入りです。オイルを手のひらに、ほんの少しチョンとのせて全体に伸ばし、髪の毛に馴染ませます。しっとりまとまって、いつもボンバーヘアだった悩みが解消されました。

癒しをまとった家の猫たち

毎日、わたしのこころを癒し続けてくれる家《うち》の白猫たち。これはくろちゃん（雄）です。立派な成獣になりました。仕事で疲れたときなんか、寄ってきてくれるんですが、褒めて褒めて褒めまくります。「可愛いね〜天使だね〜」を永遠繰り返し、言い続けます。すると、猫は嫌になってどこかへ行ってしまうのです。そんなところも面白くて、さらに癒されるのでした。

不安と末長く

生きていると、不安を感じずにいるなんて無理です。人生、お金、健康。考えだしたら止まらない。「仕事がなくなったらどうしよう」「来年の車検費用は払えるだろうか」など、書いてみるとこんな程度のことなのですが。不安がなければ、もっと幸せに暮らせるのではないかと考えちゃいます。そんなときに知ったのが、人間には不安が必要だという話（何かの本で読んだのですが、たしかそう書いてあったんです）。

急に脱線しますが、趣味の登山を始めた頃、わたしは熊が怖くて怖くて。熊の本ばかり読んでいたのでした。おかげで熊の生態を知ることができ、怖いって気持ちが少しマシになったんです。熊は熊で生きるのが大変なんだよ、相手も必死だということを理解するだけで見る目が変わってきました。見かたを変えるだけで、気分がずいぶんと違うなあと実感したことでした。そこで話は元に戻って、「不安」はというと。これは、人間が生きていくために必要な機能だそうです。危ない、などの不安を感じるおかげで、日々わたしたちは安全に暮らせている。たとえば、道路を横断するとき、左右を確認してから渡りますが、それは危ないからです。当たり前にしていることすぎて、まあそうだよ

わたしはこの先
野垂れ死ぬかもしれない

ねと思うんですが、これは不安が機能していることだとすると、不安はそれほど嫌なものではないのかもな~って思えてきます。今まで、不安を完全に排除しようと、そればかりに注目して抜け出せなかったのかもしれません。これを知っただけでも、毎日の気分が違います。

自分でも変だと思うのですが、たまにわいてくる「わたしはこの先、野《の》垂《た》れ死《じ》ぬかもしれない」という一抹《いちまつ》の不安。これもただの生命維持機能だと思うと、むやみに怖がることはなくなりました。今でも変わらず不安はわいてきますが、見かたを変えただけのことです。たまに不安を感じている自分を感じてみる。う~ん、非常に不安！　けれども、わたしは不安と共に歩いて行こうと決めたのです。そのほうが不思議と気楽なんですよね。不安からの解放は意外とシンプルで、なんの修行もいりませんでした。あっぱれ。

理想の暮らしまで何千里

理想と自分を比べることをやめました。そうすると、以前よりも理想を大切に思えるようになりました。わたしの中では、理想って少々ひがみも混じっていたりするんですよね。それは悔しさからくる感情なのですが、そこで「は！」と気づくことを習慣にしています。たとえば、わたしの理想の暮らし（自然豊かな場所で、庭で畑をしながら健康的に暮らすこと）をしている人を本やＳＮＳで見たとします。そんなとき、妬《ねた》ましい気持ちが生まれ、う、うらやましい……って、モヤモヤとしたやり場のない気持ちになるんですが、「はい、カット～！」って監督のように、いったん終わらせるんです。モヤモヤとした気分のまま、理想の暮らしをうらやんでいると、自分の理想の暮らしが離れていく気がしませんか。悔しく思うのは人間だから当たり前だし、理想を持つのも当たり前のこと。そうやって、自分のこころの中を整理しておくことにしたんです。

そう思えるようになったのは、暮らしを整えて、自分の中に安らぎを感じられるようになり、こころが落ち着いたからだと思います。ルーティンという言葉も知らなかった数年前、そのときに考えた家事ルーティンは少しずつ変化しながら、今もこの仕組みに助けられています。床の掃《は》き掃除をほうきでした後、クイックルワイパーで拭き掃除をするんですが、最後、玄関のたたきと靴裏まで拭いてフィニッシュするんです。これがスッキリするのなんのって。ポイントは、自分はどのくらいの分量なら、毎日続けられるのか。それ以上は無理しない。自然に続くことを大切に。不自然なことは長くは続かないのだから。

いやあ、人生の中で、自分のこころと向き合うきっかけはどこにあるのかわからないものです。わたしは間違いなく、暮らしや家事と向き合ったことが人生の転機でした。以前は人生の転機といえば、仕事にまつわることなのかなあと偏《かたよ》った考えを持っていたのです。たとえばですよ、海外へ行って、そこがフランスならば美味しいチーズに出会い、衝撃が走って自分はチーズ職人になるのだ！　という転機は想像しやすいです。ところが、どこか遠いところへ行かないと手に入らないと思っていたものが、実は毎日の中にあっただなんて、この世は面白いなあと思います。きっと、自分に合った出来事がベストタイミングで起きていて、いろんなことに助けられているのだろうな。どんな暮らしをしていようと、そのときの自分に合った生きかたならば悔いはなし！

不自然なことは長くは続かない

人から嫌われたくないという沼

　自分が何かを楽しんでいるときって、なんてこころが平和なんだろう、そう思います。身体中が幸せで満ちているんですよね。たとえば、食器棚を秩序よく整えたり、お菓子作りに熱中したり、自然豊かな場所へ出かけること、晩酌を楽しむなど、わたしが日々楽しいなあと思うことは、こんな感じです。何も怖いものなんてないぞ、という気分にさえなるんですが。もし、そのことを否定されたりしたら、ちょっと悲しくなってしまう。実は、わたしがＹｏｕＴｕｂｅでＶｌｏｇを始めた頃って、いいねマークと、よくないねマークのどちらもそのカウント数が見えるようになっていたんです（今はよくないねマークのカウント数が見えなくなっている）。よくないねマークとは、つまりは低評価なんですが、初・よくないねマークがカウントされたときは今でも忘れません、衝撃で。何かの間違いかと思ったくらいですから（笑）。「あれ？　自分が楽しんでやったことでも、よく思われないことがあるんだ……」ということを思い知ったのです。わたしの人生史上、かなりショッキングな出来事でモヤモヤとしたのですが、しばらくして、気づきました。なるほど、全員から好まれるだなんて、そんなことはしょせん無理な話だわ。それに、変な話、肩の荷が降りたというか。今までの人生、無意識に人から嫌われないように生きてきたことに、わたしは気づいたのでした。

嫌われないようにふるまっていると、自分の本音とは違う行動をとってしまうこともあるし、それが続くとこころが疲れてしまうんです。わたしは知らず知らず、その沼に落ちていたみたいです。そこから引き上げてもらったのが、ＹｏｕＴｕｂｅのよくないねマークという、なんとも言えないお達しなのですが、よかったなあって、今だから思えます。嫌われないように生きてきたのに、すでに少しの人には嫌われていたって事実を知って、ずっこけちゃいましたよ。じゃあもういいや、こっちの問題じゃなくて、相手の好みなので、どうしようもないじゃない。どうにもならないことを考えるなんて、やめだやめだーって思うことにしました。わたしは楽しいと思うことをし続ければいいってことで決定。

人生いろんなところにヒントがゴロゴロと転がっているものだなあ。人に嫌われたくないという、その荷物を降ろしたとき、自分のこころが久しぶりに解放されるのを感じたのでした。

いいねマークと
よくないねマーク

パートナーとの関係

わたしと夫は10歳くらい歳《とし》が離れています。なので、たまに話題が通じないときがあって（特に懐かしのテレビネタ）、「ザ・ベストテンで、今週の第1位は♪ってあったやろ」なんて言われても、わたしには「?」で、「いや、うちはミュージックステーションやし」という具合になります。まだ続く↓↓ 私「この前GLAYをYouTubeで見たんやけどな」夫「……グレイって宇宙人かと思ったわ」私「……えー！」こんなの茶飯事なんですが、通じないほうが、かえって面白いのかもしれないです。

結婚したのは、10年以上前。わたしはひとり暮らしを満喫していたので、久しぶりに人と暮らすことがちょっと不安でした。暮らしはじめは、案外大丈夫かも～なんて思っていたんですが、だんだんと相手との生きるスピードの違いが気になりだしたのです。夫はじっくり考えて理解してから行動するタイプで、私とは正反対。わたしは見切り発車する、前のめりタイプで行動は早いんです。毎日一緒に家で仕事をしているからか、どうしてもそのスピード感の違いが気になるようになりました。わたしには、じっくり考えて行動するということが理解できないので、なんでもっと早く行動にうつさないんだろうって、眉間《みけん》にシワが寄ってくる感じです。それは相手をコントロールしたい、という思いがあったんでしょうね。そんなある日、夫が珈琲のハンドドリップにハマり始めたんです。いつも一緒に行っていた雑貨屋さんに、珈琲グッズやハンドドリップの本が置いてあって、やってみたくなったそう。コーヒーサーバーに、ドリッパーをセットし、その中に挽《ひ》いた珈琲豆を入れ、お湯を少しずつ少しずつ落としていきます。珈琲豆がぽこぽこと膨《ふく》らむのが美しくてわたしも楽しく見学します。じっくりゆっくりドリップするのが上手なんだな〜って思うのと同時に、前のめりタイプなわたしには到底できないってなりました。そうか、人それぞれ、ちょうどいいスピードがあるってわけね、と、なんだか腑に落ちたんです。相手の生きるスピードを尊重するって大切なんだわ、と学ぶ。

それからは夫との違いが気にならなくなりました。夜ご飯の準備なんて、わかりやすい例です。わたしは簡単かつスピーディーにできるものを3品くらいパパッと作りますが、夫はフライパンでじっくりと火を通す、ベイクドポテトのような料理が得意なので、まかせっきりです。何はなくとも相手へのリスペクトは忘れてはなりませんね。

安らげる場所

ヘブン

歳を重ねるごとに、自分の求めるものが少しずつ変わってきました。持ち物であったり、場所であったり。洋服なら、若いときは着心地は二の次、見た目の可愛いさが大切でした。今なら、いちばん大切にしたいと思う、〝着たときの心地よさ〟なんて、求めていなかったんですから。でも、若いときはそれで楽しかったし、そのときにしか味わえないことってありますよね。

出かける場所も、オシャレになれそうなファッションビル、素敵な暮らしの雑貨屋さんとかがメインでしたが、今はこころが安らぐなあ～って場所も大切にしています。たとえば、心身ともに浄化されそうな神社の参道、近所の散歩道から見る遠くの山々（ちょっと高原っぽさを感じられる景色なんです）、たまった疲れをリセットしてくれる温泉施設など。自分が癒されるなあ～というお気に入りの場所を持っていると、なんだかいいものです。その中でも温泉は、若いときにはまったく求めていなかったジャンルですが、今じゃこれがないと生きていけないくらい、わたしにとってのパワースポットなのです。

家の近くの日帰り温泉施設に通っているんですが、そこがもう、本当に安らげる。温泉宿の露天風呂かってくらいの、大きな湯船にどっぷり浸かる幸せといったら、安らぎ以外の何ものでもない。たまりません。それに、なんといってもそこのスタッフのお姉さんがいいんです。通い始めてから数年経って、そのお姉さんが登場しだしたのですが、脱衣所で、浴場で、目が合うたびに、満面の笑みで「どうぞ、ごゆっくり〜！」と、バッチバチに目を合わせて言ってくれるのでした。はじめは「おぉ……」とたじろいでしまったのが正直な話。こんなにも目の中を見られるのが久しぶりだったので、ドキドキしたのですが、まったく嫌な感じはしません。むしろ、見上げた働き方だわ、と、思わず尊敬の念です。それが、いつもいつも誰にでもそうなので、わたしも笑顔でど〜も〜って、言うようになりました。笑顔で挨拶するって気持ちいいものです。相手を見てから判断するんじゃなく、誰でも疑うことなく、ニッコリ笑顔を向けるって忘れていたなあって、温泉お姉さんが教えてくれました。温泉はもちろん安らげるし、この場所に来てお姉さんに会うと笑顔になるし。自分にとっての癒しスポット、こころの楽園があるって大切です。

若いときには

まったく求めていなかった

自分の仕事をつくる暮らしごと

社会人になって5～6年経ったとき、出合った本がありま す。『自分の仕事をつくる』（西村佳哲著／ちくま文庫）という文庫本なのですが、大阪のd&departmentで手にしました。当時は会社員（仕事は今といっしょでデザイナー）、大阪でひとり暮らしを満喫していたのですが、よく遊びに行っていたのが、d&departmentというお店です。ここに置いている品々が素敵で、お店のコンセプトがロングライフ、長く続くものっていうのもわたしにはガツンときて、しびれていましたね。そんなお店に平積みされていたんですから、目に飛び込んでこないわけがない。「なんだろう、自分の仕事をつくるって？」と気になりパラパラと読み始めると、今まで考えたこともなかったことが書かれているではありませんか。本日の買いたいものはコレだ！　と、家でゆっくり読むことにしました。

必死で仕事をしているけれど、このままでいいのだろうかって思うときって、誰しもあるんじゃないでしょうか。この本は、タイトル通り、仕事を自分のものにするってことを、いろんな働き手の方にインタビューして、伝えてくれました。わたしに欠けていたものって、これじゃないか……と、読み終えてボーゼン。どんなに小さな仕事でも、こころを込める、あらゆる工夫をするってマインドが衝撃だったし、仕事を自分のものにするほうが、きっと幸せに生きていけそうだって、直感したんです。

その後、すぐにではないけれど、夫婦2人でデザイン会社を立ち上げて、やっていくのですが、わたしの中ではバリバリ働くのがデザイナーのイメージだったので、なかなかそれを手放せずにいました。だけどちょっと待てよ。せっかく自営業で、自分の仕事をつくるチャンスなのだから、そのイメージはいったん置いておこう、と思ったのでした。わたしはデザインすることも好きだけど、暮らしをデザインするということも同じくらい好きなんです。家事ルーティンで家を整えたり、料理を楽しんだり。どちらもこころをこめてやることを、わたしの仕事にしようって決めました。仕事というとあれですが、もう自分の人生の一部としてのカテゴリーという感じです。そうするとです。デザイン仕事も暮らしも、どちらも以前よりもっと好きになっていったのでした。本を読んだときの直感ってあなどれないな〜と思います。わたしにとって自分の仕事をつくることは、〝今〟を自分の手にして生きることでもあり、それは、自分の幸せを手にすることだったのです。

バリバリ働くのが
デザイナーのイメージ

人生は短いぞ

わたしは今41歳です。冷静に考えると、41年間、生き続けてきたということに驚いちゃいます。まだ41年、もう41年。誰しもが生まれた瞬間に決まっているのは、死ぬということですが、日常の中ではつい忘れてしまいます。いつも死ぬことを考えているのも変ですが、いつかは帰る日が来るということをこころのすみっこに置きつつ、毎日を進んでいきたいなあって思うのです（そのほうが、自分のやりたいことを選択しやすい気がする！）。いつか帰る日が来るのなら、やりたいことをできるだけ済ませておこうっと、という感じの軽いノリですよ。子どものときに日暮れギリギリまで外で遊んでいたようなイメージ。とは言っても、毎日必死に暮らしていると、今すぐにはできないことのほうが多いなあ〜っていうのが正直なところです。

そこで考えたのです。忘れないように、やりたいことをノートに書きためておこうって。行きたい場所やお店、学びたいこと、読んでみたい本、見たい映画など、ツラツラとどれだけでも書けちゃいます。眺めるだけでもウフフとうれしくなっちゃうようなノートですが、と同時に、これを実行するにはどれだけ時間がいるのだろう？　と思ってしまったんです。どう考えても人生の時間が足りないような……。これは、ウカウカしていられない、気づいたら人生終わっていたなんてシャレにならないわってことで、時間を意識する習慣をつくることにしました。

たとえば、◎スマホのダラダラ見を減らすために（たまにはいい）、スマホのシャットダウン時間を決めました。お風呂に入る前に、いつもの充電場所に戻しておさらばします。◎家で仕事をしているので、オンオフモードを切り替えるために、仕事を切り上げたら、晩酌準備と共に音楽を流します。これで時間が切り替わってリラックスできるんです。仕事モードをだらだらと引きずらない。など、1日の中に小さなフラッグをいくつか立てて、時間と仲良くしよう、意識しよう、という感じです。家の中はもちろん、時間も整っていると、自分のやりたいことがより鮮明になってくる気がするんですよね。それで今やりたいことを身体が元気なうちに、前倒しでやっていこうではないかと。もちろん身体が動かなくなっても気持ちは変わりませんよ。今すぐにはできないことも、大切にあたためてこころの床《とこ》の間《ま》に飾っています。何がなんでも人生を楽しみ尽くしたい！

いつかは
帰る日が来る

おわりに

人生って何なんだろう、なぜわたしは生まれてきたのだろう？　誰しも一度は考えることじゃないでしょうか。それでも毎日は有無を言わさず進んでいく。待って待って〜と言いたくなるけれど、止まってはくれないのが日常。まあ、それが逆にいいのかもしれませんね。季節だって、冬の次には春が来て、と、必ず進んでいくという安心感がわたしは大好きなんです。明けない夜がないように。

実はYouTubeを始めたいなと思っていた4年前、わたしのパソコン容量の問題で、動画編集ソフトが使えず、暮らしの動画を作りたいのに作れない、どうしようかな〜という状況でした。そんなある日（ちょうど春分の日だった）、なんとパソコンが壊れてしまいました。もちろん、突然壊れたのはショックだったけれど、あたらしいパソコンになって容量アップして、あれ、これで動画編集ソフトを使えるじゃん！　と状況が一変することに。そう、パソコンが壊れて始まった、わたしのYouTube人生だったんです。

そんな喜びがhibi hibiの第1回目のVlogには詰まっています。それはもう拙《つたな》い動画なんですが、あのときのわたしのベストがあれなんだから仕方がない。あのままパソコンが壊れていなかったら、始まらなかったかもしれない、と思うと人生不思議なものです。生きていると、意外とそんなことってありませんか。流れるままに受け入れて、時が来たらそれを手放して……。その繰り返しが人生なのかなあって思います。何かを手放すのって、最初は寂しいけれど、最後はさっぱり気持ちいいんですよね。ぎゅっと握りしめていたものを、手のひらをぱあっと広げて解放するときのような心地よさがあります。な~んだ、わたしは自由だったんだ、わたしはそのままでよかった。手放すごとに、そう思えるようになりました。

ここまで読んでくださり、本当にありがとうございました。いつもあたたかく見ていただいて、皆様に感謝です！

kiki kiki　asako

asako（あさこ）

デザイナー/石川県在住。2019年の春よりYouTubeにて「hibi hibi」というタイトルでvlogをスタート。夫と白猫２匹との何気ない日常や、季節ごとの家仕事や晩酌、自然の景色など自らが好きなものを日々撮りためて「暮らしのvlog」として発信。著書に『明日へのたね蒔き』（主婦の友社）、『hibi hibiのていねいな暮らし』（あさ出版）、『hibi hibi　自分がよろこぶ暮らしかた』『hibi hibi　365日の暮らしメモ』（共に大和書房）など。本書では著者自身がブックデザインも担当した。YouTube登録者数は2023年11月現在12万人。

YouTube → hibi hibi
Instagram → asako__kuma

hibi《ひび》 hibi《ひび》
モノを手放《てばな》して暮《く》らしを整《ととの》えたら、
こころも身体《からだ》も楽《らく》になった

2023年12月５日　第1刷発行
2023年12月25日　第2刷発行

著　者　asako《あさこ》
発行者　佐藤　靖
発行所　大和《だいわ》書房
東京都文京区関口1-33-4
電話03-3203-4511
撮　影　木村文平
ブックデザイン　asako
印　刷　萩原印刷
製　本　ナショナル製本

ISBN978-4-479-78595-8

http://www.daiwashobo.co.jp

※本書に記載されている情報は2023年11月時点のものです。商品の仕様などについては変更になる場合があります。
※本書に掲載されている物はすべて著者の私物です。現在入手できないものもあります。あらかじめご了承ください。